22枚のカードで全部わかる

タロット占い

オリジナルカード22枚付き

LUA 著

八館ななこ 絵

JN046711

はじめに

　タロットは、まだ気付いていない方法を見つけ、選択肢を広げるための道具……。迷える時の助け舟の1つです。カードを見た瞬間に抱く気持ちは、カードに映った自分の心そのもの。そこに、新たな疑問や発見が生まれます。未来とは、その人生を生きる自らが築くもの。自分のこれまでの生き方が招いた現在を見つめ直し、より良い未来を拓くためにサポートをしてくれる、相棒のような存在がタロットなのです。

　本書のタロットは、発売から100年を超えた今もなお、世界的な人気を誇るウエイト・スミスタロットをベースにしたオリジナルカードです。タロットがもつ神秘的な雰囲気が、見る人の心の角度に合わせて無限に広がっていくように、細やかに描かれています。鮮やかな色使いと流麗な作風で、不思議な懐かしさとミ

　ステリアスな空気を漂わせる22枚のカードは、海外からも注目を集める人気イラストレーター八館ななこさんに手がけていただきました。光と闇の奥行きが心の奥底まで浸透し、より深く心中を映し出すでしょう。

　大アルカナと呼ばれる22枚は、タロットの基本となります。最低限の知識を身につけたい、基礎を強化したいと思うなら、マスターしておきたい重要なカードです。意味合いを認識するだけでなく、似通ったカードの違いまで把握することで、読解力がつくでしょう。そこで今回は、LUAが編み出した「イレブンタロット」という考え方を紹介しています（P66〜）。22枚のカードをペアにして考えることで、よりイメージを整理しやすくなることでしょう。多くの方々に、幅広くお役立ていただけますと大変幸甚です。

LUA

CONTENTS

2 | はじめに
8 | この本の読み方

SECTION 1
タロットカードの世界

10 | タロットカードとは人の心を映す鏡
11 | 13世紀頃から始まり現在も人々に愛されるタロット
12 | タロットカードに映した心を読み解く
13 | どんな悩みが占える？
14 | カードに描かれたモチーフの意味を
　　　読み解くことで解釈が深まる
15 | 逆位置の読み方は3パターン
16 | 本当は全部で78枚
　　　大アルカナのカード一覧

18 | COLUMN 日常的に使うことで解釈力アップ

SECTION2
カードに秘められた意味

20 カード解説ページの読み方

22 0 愚者   *38* 8 力   *54* 16 塔

24 1 魔術師   *40* 9 隠者   *56* 17 星

26 2 女教皇   *42* 10 運命の輪   *58* 18 月

28 3 女帝   *44* 11 正義   *60* 19 太陽

30 4 皇帝   *46* 12 吊られた男   *62* 20 審判

32 5 司祭   *48* 13 死   *64* 21 世界

34 6 恋人   *50* 14 節制

36 7 戦車   *52* 15 悪魔

66 ペアにして解釈を深めるイレブンタロット

70 COLUMN 本の中に答えがなかったら？

SECTION3
運命を導くスプレッド

72	タロット占いの作法
73	占う前の儀式
74	タロット占いの心構え
75	リーディングのNG 3ヵ条
76	タロット占いの手順
77	基本のスプレッド❶ ワンオラクル
78	基本のスプレッド❷ スリーカード
80	基本のスプレッド❸ 択一
82	基本のスプレッド❹ ケルト十字
84	基本のスプレッド❺ ヘキサグラム
86	基本のスプレッド❻ ホースシュー
88	COLUMN 占いのタブー

SECTION4

リーディングのヒント

90	リーディング実例紹介
91	実占 ワンオラクル
93	実占 スリーカード
96	実占 択一
100	実占 ケルト十字
104	実占 ヘキサグラム
108	実占 ホースシュー
112	プロはどう読む？ LUA のリアル鑑定
122	ひと目でわかる！ 22 枚のキーワードリスト
126	タロットに関する Q & A

この本の読み方

**本書には、初心者の方でも気軽にタロットの世界に
入っていけるようなエッセンスがつまっています。**

SECTION
1
タロットカードの
世界

何事も、最初が肝心です。ここで記されることが、これから本書を読み進めていくうえで、学びの土台となります。タロットの歴史からよく使う用語まで、基本的な情報を丁寧に説明します。

▼

SECTION
2
カードに秘められた
意味

22枚それぞれのカードには何が描かれていて、どんな意味が込められているのかを知ることで、カードへの理解が深まります。リーディングの際には、辞書のようにキーワードの確認ができます。

▼

SECTION
3
運命を導く
スプレッド

ここでは、占う前に知っておきたい作法や儀式、基本的なスプレッドの選び方など、タロット占いのやり方を解説します。基本を押さえつつ、自分流にアレンジして占いを楽しみましょう。

▼

SECTION
4
リーディングの
ヒント

どうしても言葉が出ない、カードの解釈が難しいなど、タロット占いを始めると様々な問題が出てくるでしょう。実例を用いて、リーディングのコツを1つひとつ、丁寧に学んでいきましょう。

タロットカードの
世界

タロットカードとは
人の心を映す鏡

古代から人々を魅了してきたタロットカード。
その不思議な世界に早速ふれてみましょう！

神秘的な絵柄で、どことなく魔法めいた雰囲気を漂わせるタロットカード。現代では、キャラクターや生き物、物語など、固有のモチーフを用いて描かれたユニークなタロットカードもたくさん発売されるようになりました。

タロット占いは、偶然に引いたカードの意味を読み解いて、未来をのぞくことができます。初心者でも簡単に占うことができるので挑戦しやすくはありますが、未来がわかると思うと、何となく怖い気持ちにもなるでしょう。でも、

心配はいりません。たとえ望まぬ結果が出てしまっても、どうしたら理想の未来に進むことができるのかを読み解いていけばいいのです。

タロットカードは人の心を映す鏡であり、人によって受け止め方も変わります。カードを引いた瞬間に得た感覚が、意味合いに違いを生み、リアルな解釈ができるようになるのです。まずは難しく考えずにカードを眺めて、気になった1枚の解説を読んでみましょう。これが、タロット占いの第一歩になります。

ライダー・ウエイト・スミス・タロット

A.E.ウエイトとパメラ・コールマン・スミスが手がけ、1909年に誕生。現代タロットの基盤。

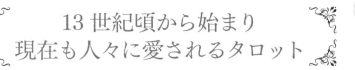

13世紀頃から始まり
現在も人々に愛されるタロット

タロットの成り立ち

13世紀頃

タロットの
元祖といわれる
マムルーク・カードが
生まれる

14世紀頃

貴族がゲームとして
タロットカードを
使い始める

18世紀〜1760年

現在のマルセイユ版
タロットが登場

1900年代

ウエイト・スミス版が
登場

1970年代

世界中で
タロットブーム

古来、研究が続けられているタロットカードの起源には諸説あります。有力な説はヨーロッパですが、古代エジプト、イスラム、インド、中国……と、様々な説が唱えられています。聖地奪回の十字軍やテンプル騎士団、北インドの移動型民族が、ヨーロッパに持ち込んだという話も。カードの枚数もばらつきがありました。トルコのトプカプ・サライ博物館に所蔵される56枚のマムルーク・カードが、元祖とされています。

タロットの記述が残されているのは18世紀以降。それまでは、貴族のゲームや観賞用の寓意画（ぐうい）だったと伝わっています。紙が高級品だった時代では、貴族の楽しみや嗜みの1つだったのでしょう。風流な道具であり、時代を超えて人々に愛されるタロットです。

タロットカードに映した心を読み解く

特殊な能力は必要ありません

タロットは人の心を映す鏡。鏡に映らない人がいないように、誰もがタロットを見て、自らの心の内を知ることができます。霊感や超能力がなければ占えないものではありません。タロットを使っていくうちに特別な力を得たように感じるのは、感覚が研ぎ澄まされた結果。基本を学べば、誰でも習得できるスキルの1つです。

自分以外の人を占うこともできます

自分のことだけではなく、他人のことも占えます。占う人物の心が、タロットに映し出されるということには変わりないからです。例えば「今日はどんな日になる？」という質問も、自分にとっての答えではなく、誰にとっての答えなのか決めて引けば、タロットはその人に対する答えを映し出してくれます。

自分の心の中から答えを導き出します

知りたい答えはどこにあると思いますか？　多くの人は、タロットが答えを用意しているように考えるでしょう。しかし、実は答えはあなた自身の心に潜んでいるのです。鏡を見て身なりを整えるように、占いの結果を見て心を整理しましょう。そこに映し出された本心をのぞくことで見つけたものが、あなたの「答え」です。

占った後の行動があなたの人生を決めます

タロット占いをして良かったと思えるかどうかは、占った後の行いで変わります。うまくいくという結果に慢心し、好ましくない結果に不満を覚えるだけなら、始めから占わなくていいでしょう。占いの答えは、あくまでも現時点での予測。その後の行動でいかようにも変えられます。訪れる未来に向かって何をするかが大事です。

どんな悩みが占える？

恋・仕事・お金の悩み

　私たちはどんなことに対しても、何かしらの感情を抱きます。そして心で抱えきれない感情が、悩みとなるのでしょう。悩みの分野にかかわらず、大抵のことを占えるのがタロットの魅力。恋愛で相手に告白しようか迷っている時、仕事が自分に合っているか知りたい時、お金で先行きに不安がある時……。すべて占うことができます。

現在・過去・未来の運勢

　現在の状況には、必ず過去が影響しています。成功による喜び、失敗による悲しみ……、日々のすべての営みが、「今」をもたらしているのです。そして未来もまた、現在の行動次第でプラスにもマイナスにも変わっていきます。心のあり方が映し出されるタロットでは、現在だけでなく、過去や未来を読み解くことができるのです。

他人の気持ちや自分の本心

　人の心を知ることができるのもタロットならでは。好きな人が自分のことをどう思っているのか、ケンカした相手は今も怒っているのか…といった他人の気持ち。願いが叶ったはずなのになぜか心が晴れず、本当の幸せがわからない…など自分でもわからない本心。それをタロットに映すことで、正面から見つめることができます。

日常生活の選択

　日々の暮らしの中に数多くある「選択」。今日の昼食を何にするか、傘を持って出かけるかどうか、という自分だけの些細な選択もあるでしょう。また、返事を催促するべきか、プレゼントには何を贈るといいか、という相手の存在が影響する選択もあるはずです。こうした日常の選択のヒントとしても、タロット占いが役に立ちます。

カードに描かれたモチーフの意味を読み解くことで解釈が深まる

細部の絵柄に注目しましょう

　タロットは、様々なテーマが抽象的に描かれた寓意画です。1枚の絵の中に配置された太陽、月、人物や動物には、それぞれ意味が秘められています。よく見ると、別々のカードに同じ物が描かれていることに気付くでしょう。カードが表す内容が相関し合っていることを示しています。ぜひ細部まで注目してみましょう。

太陽

死　　　節制　　　太陽

　生きる力や命の輝きを象徴。日の出と日没から、終始を意味します。［愚者］［恋人］にも描かれています。

月

女教皇　　　月

　満ち欠ける様子から、移ろう心、浮き沈み、栄枯に意味づけられ、女性性や神秘を象徴します。

裸

悪魔　　　星　　　審判

　一糸まとわぬありのまま。包み隠さぬ裸は、心がまっすぐな様子を表します。［恋人］［太陽］［世界］にも。

馬

戦車　　　死　　　太陽

　神々や人間を運ぶ乗り物として、移動、俊敏さのシンボルに。生命力の象徴として繁栄や征服力を意味。

翼

恋人　　運命の輪　　悪魔

　羽ばたく翼。自由や知性を意味し、神聖さや精神を象徴。［戦車］［節制］［審判］にも描かれています。

犬

愚者　　　月

　仕事の相棒や友人として、人間のパートナーであることから忠誠心を象徴。人を守ることから警告も意味。

逆位置の読み方は 3パターン

正位置
_{せい　い　ち}

THE FOOL

カードの上下が本来の向きで表れた状態は「正位置」。

逆位置
_{ぎゃく　い　ち}

THE FOOL

カードの上下が本来とは逆に表れた状態は「逆位置」。

逆位置は考えないと決めてから読んでもいい

タロットではカードの正位置と逆位置で解釈を読み分けることを「正逆をとる」と言います。しかし、あえて解釈を読み分けず、「正逆をとらない」方法もあります。どちらにするかは占うたびに変えても問題ありません。ただし、必ず占う前に決めておきましょう。

パターン1
正位置と真逆の意味

正位置の解釈を、そのまま逆の意味で読む。
例：曖昧さを意味する[月]が逆位置になると「はっきりする」に。

パターン2
正位置のネガティブ要素が強い

正位置の状態を軸に、ネガティブ面が強まったと読む。例：愛を示す[女帝]が逆位置になると「甘やかしすぎ」に。

パターン3
正位置の状態に届いていない

正位置の意味まで到達していない状態と読む。
例：器用な[魔術師]が逆位置になると「本領を発揮できない」に。

例
6 恋人

好きな人との関係を占ったところ、[恋人]の逆位置が。恋人のキーワードは「心地よさ」。この場合、3パターンの解釈ができます。

パターン1の解釈だと…
別れそう
楽しい状態の逆。心が通っておらず気持ちがない。思いが冷めたか、居心地が悪い様子。

パターン2の解釈だと…
ズルズルと一緒にいる
恋にルーズな面が強まる。楽だから一緒にいる間柄で、お互いに惰性でつき合っていそう。

パターン3の解釈だと…
友達以上恋人未満
もう一歩のところに届かず宙ぶらりん。それなりに楽しいが、恋人と呼べない微妙な状態。

本当は全部で78枚

タロットカードは本来、大アルカナと小アルカナによる78枚で
構成されています。本書で扱うタロットカードは
初心者さんにも扱いやすい大アルカナの22枚。
まずはこの基本の22枚を使って占うことから始めてみましょう！

22枚の大アルカナ

　タロット占いをもっともシンプルにしたものが、大アルカナ
だけで占う方法です。22枚で構成される大アルカナは扱いやす
く、シャッフルも簡単。絵柄の違いもはっきり描かれています。
78枚のカードを使うよりもカードの意味を理解しやすく、手軽
に占えるようになるでしょう。

　大アルカナは、大きな出来事を意味すると言われています。どん
な事象も重要なテーマとして導いてくれるのです。たとえ日
常の些末な出来事だったとしても、それを大きく捉えることで、
新しい価値観や視点が生まれるでしょう。大アルカナから得た
答えを実際の経験として積み重ねるうちに、自分なりの哲学も
生まれ、生き様そのものを学びに変えていけるはずです。

56枚の小アルカナ

　56枚の小アルカナは、数札とも呼ばれます。ワンド、ペンタ
クル、ソード、カップの4種類に分かれており、それぞれ1か
ら10の番号カード10枚と、ペイジ、ナイト、クイーン、キング
の人物カード4枚の計14枚で構成されます。重要な出来事を意
味する大アルカナに対して、小アルカナが意味するのは日常の
ことです。この本では小アルカナは扱いませんが、78枚で占う
ことで事象のメリハリがつきやすくなります。

大アルカナの
カード一覧

 0 愚者 ぐしゃ

 1 魔術師 まじゅつし

 2 女教皇 おんなきょうこう

 3 女帝 じょてい

 4 皇帝 こうてい

5 司祭 しさい

 6 恋人 こいびと

7 戦車 せんしゃ

 8 力 ちから

 9 隠者 いんじゃ

 10 運命の輪 うんめいのわ

 11 正義 せいぎ

 12 吊られた男 つられたおとこ

 13 死 し

 14 節制 せっせい

 15 悪魔 あくま

 16 塔 とう

 17 星 ほし

 18 月 つき

  19 太陽 たいよう

 20 審判 しんぱん

 21 世界 せかい

日常的に使うことで
解釈力アップ

　タロット占いは、どんな人でもできる易しい占い
です。1枚カードを引いて、この本の解説を読めば、
それだけで占えます。カードを見て自分が感じたこ
とを掘り下げるだけでもいいでしょう。こうした手
軽さがタロットの魅力の1つです。

　何か悩みがある時はもちろん、特に理由がなくて
も気軽に引いてみましょう。答えを突きつめる必要
はなく、ただ引くだけで十分です。カードにふれ合
う機会を増やすことで、自分の中にタロットが浸透
していくはず。生活の中で、「この状況はまるで○○
のカードのようだ」と頭に浮かぶようになったら、タ
ロットと親しい間柄になれた証拠です。

　人生の重要な悩みを解決するために、タロットを
使うという人もいるでしょう。しかし、普段から他愛
のないことを占っていたほうが、大事な時に深い解
釈ができるようになります。タロットは道具です。毎
日大切に扱い愛着を深めてこそ、タロットと良い
パートナーシップを築くことができるでしょう。

カードに
秘められた
意味

カード解説ページの
読み方

P22〜65では、大アルカナカードについて解説します。
本書のオリジナルカードを眺めながら解釈を深めましょう。

❶ タロットカードの
名前と番号

❸ 本書オリジナル
タロットカード

❹ 正位置の
キーワード

0

愚者
THE FOOL

今いる場所から
飛び出して
気の向くままに

THE FOOL

大自然の中、太陽の光を浴びながら清々しい空気を味わう愚者。小さな荷物からは、気まぐれに出掛けた無計画さがうかがえます。手に持つ白いバラは、何事にもとらわれない彼の純粋さを表しているかのよう。犬が足元の危険を告げようとしていますが、構うことなく、崖のスリルを楽しんでいるのかも。

自由気ままにいられるのは身軽さあってのこと。最小限の持ち物で飛び出すことで身一つになれた自由な愚者には、責任も義務もありません。自由であり孤独でも。何の保証もなく不安定ですが、崖の向こうにあるものは、行ってみなくてはわかりません。しがらみやとらわれからの解放を示すカードです。

22 SECTION2 カードに秘められた意味

正位置

全般 何でもできる可能性を秘めている／楽観的に考えて行動する／周りの目を気にせず好きに生きる／思いがけないチャンスをつかむ／自由な発想からアイデアが湧いてくる

恋愛結婚 新しい恋が始まる／すぐにわかり合える／ありのままの自分が受け入れられる／友達のような恋愛関係／新鮮な気持ちで過ごせる／1人で行動すると出会いがある

学業仕事 思いも寄らないきっかけをつかむ／独自の感性を生かす／異業種への転職／フリーランスやフレックスなど自由度の高い働き方／好きなことと頑張る気力が湧いてくる

その他 行き当たりばったりの生き勝つ／旅立つ時／戦わずに勝つ／誰にも邪魔されない／遠大な志を抱く／気楽に考える／精神的に落ち着かない／夢を追いかけている人／自由気ままに

逆位置

全般 決まってもいない状況に振り回される／目標が見えず、さまよい続ける／信頼されない状態／気まぐれな態度が無責任だと言われ／始めたことが途中で終わる／軽薄でいい加減

恋愛結婚 軽はずみな行動を取る／どっちつかずの態度／夢中になりやすく長続きしない／遊びの恋ばかり／甲斐性のない人に惹かれる／急な恋愛にのめり込む／気持ちが移りやすい

学業仕事 やる気がない／集中力が続かずに飽きてしまう／計画性や自信がない／実力が出ない／責任感のなさから問題が起こる／のんびりと残業をする／まじめに働いているように装う

その他 幼稚な態度でいる／現実逃避をする／浅はかな考えになる／周りのことを考えずに自分勝手な行動をする／作り話をする／不摂生な生活になる／旅行先で問題が起こる

21

❷ タロットカードの
意味や解釈

❺ 逆位置の
キーワード

❶タロットカードの
名前と番号

カードの名前と番号。本書では、ウエイト・スミス・タロットに沿った順番で解説しています。

❷タロットカードの
意味や解釈

カードに描かれているモチーフから導き出した、基本的な意味や解釈です。

❸本書オリジナル
タロットカード

ウエイト・スミス・タロットをもとにした、本書オリジナルのタロットカードです。0から21までの数字とカードの名前が英語で書かれています。カードの絵柄はもちろん、フレームまで八館ななこさんの描き下ろし。この本ならではの世界観に仕上がっています。

❹正位置のキーワード

正位置のキーワードを、全般、恋愛・結婚、学業・仕事、その他の4つのカテゴリ別で解説します。

❺逆位置のキーワード

逆位置のキーワードを、全般、恋愛・結婚、学業・仕事、その他の4つのカテゴリ別で解説します。

リーディングの際に重要な
カードのめくり方

カードをめくる際は、めくる方向にも気を付けましょう。縦にめくるのではなく、横にめくること。そうしてめくった時に、カードの上下が本来の向きで表れた状態が「正位置」、本来とは逆さまに表れた状態が「逆位置」です。読み方はP15で解説しています。

**カードの上下が
変わらないように
めくりましょう**

0

愚者

THE FOOL

今いる場所から飛び出して気の向くままに

THE FOOL

　大自然の中、太陽の光を浴びながら清々しい空気を味わう愚者。小さな荷物からは、気まぐれに出掛けた無計画さがうかがえます。手に持つ白いバラは、何事にもとらわれない彼の純粋さを表しているかのよう。犬が足元の危険を告げようとしていますが、構うことなく、あえて崖のスリルを楽しんでいるのかも。

　自由気ままにいられるのは身軽さあってのこと。最小限の持ち物で飛び出すことで身一つになれた自由な愚者には、責任も義務もありません。自由であり孤独です。何の保証もなく不安定ですが、崖の向こうにあるものは、行ってみなくてはわかりません。しがらみやとらわれからの解放を示すカードです。

正位置

全般
何でもできる可能性を秘めている／楽観的に考えて行動する／周りの目を気にせず好きに生きる／思いがけないチャンスをつかむ／自由な発想からアイデアが湧いてくる

恋愛結婚
新しい恋が始まる／すぐにわかり合える／ありのままの自分が受け入れられる／友達のような恋愛関係／新鮮な気持ちで過ごせる／1人で行動すると出会いがある

学業仕事
思いも寄らないきっかけをつかむ／独自の感性を生かす／異業種への転職／フリーランスやフレックスなど自由度の高い働き方／好きなことだと頑張る気力が湧いてくる

その他
行き当たりばったりの生き方／旅立つ時／戦わずに勝つ／誰にも邪魔されない／淡い期待を抱く／気楽に考える／精神的に落ち着かない／夢を追いかけている人／自由気ままに

逆位置

全般
決まってもいない状況に振り回される／目標が見えず、さまよい続ける／信頼されない状態／気まぐれな態度が無責任だと言われる／始めたことが途中で終わる／軽薄でいい加減

恋愛結婚
軽はずみな行動を取る／どっちつかずの態度／夢中になりやすく長続きしない／遊びの恋止まり／甲斐性のない人に惹かれる／危ない恋愛にのめり込む／気持ちが移ろいやすい

学業仕事
やる気がない／集中力が続かずに飽きてしまう／計画性や自信がない／実力が足りない／責任感のなさから問題が起こる／のんびりと残業をする／まじめに働いているように装う

その他
幼稚な態度でいる／現実逃避をする／浅はかな考え方になる／周りのことを考えずに自分勝手な行動をする／作り話をする／不摂生な生活になる／旅行先で問題が起こる

1 魔術師

THE MAGICIAN

理想と情熱をもって
あふれる創造力で
可能性を広げる

その野性的な風貌から、どんな状況でも乗り越えられる逞しさを感じる男性。魔術師である彼は杖を振りかざし、頭上にはすべてを自在に操れることを示す無限マークが。机に並んだワンド・ペンタクル・ソード・カップの4つは、宇宙を構成する要素であり、新しい創造の準備が整ったことを表しています。

赤いバラとマントは情熱を、白いユリは彼にとっての平和を意味しています。己の理想を実現するために、情熱をもって働きかける必要性を示唆しているのです。意志を固め自ら行動することをきっかけに、不思議と可能性が広がっていく……。自発的な行動は、自分自身に魔法をかけることでもあるのです。

正 位 置

全般
確固たる意志をもって目標を達成できる／自分にかなり自信をもっている／積極的に行動を起こす／意気揚々とスタートできる／自分が全知全能だと感じる／説得力のある人

恋愛結婚
お互いを尊重し合える関係／憧れていた人とつき合う／感性の合う相手が見つかる／新しい関係が始まる／積極的に距離を縮めることで恋が叶う／知的な会話で盛り上がる

学業仕事
技術や才能、想像力を生かせる／積極的にチャレンジできる／アイデアが形になる／企画が成功する／新しい世界へ出発する／上手な立ち回りができる／交渉がうまくいく

その他
アクティブに動く／機転が利く／何もかも思いのままになる／広い分野にわたって豊かな知識をもっている／自信に満ちあふれている／周囲を引きつける／主導権をもって進める

逆 位 置

全般
大事な場面で実力を発揮できない／意志が弱く、迷いがある状態／才能の生かし方が下手／自信のなさから判断が遅い／奇抜な行動で周りを驚かせたいという気持ちがある

恋愛結婚
なかなか進展しない／曖昧な関係が続く／口先だけで行動が伴わない／気持ちが通じない／振り回されて手に負えないと感じる／利用したりされたりの虫のいい関係

学業仕事
うまく対処できない／意欲が低下している／失敗しやすい／やりたい仕事ができない／異業種への転職を考える／勉強や経験が足りない／自分の力を生かし切れない／お手上げ状態

その他
勇気が出ない／受け身の行動／要領が悪く、思い通りに物事が運ばない／周囲に頼れず、問題を解決できない／思考がまとまらず、どうしたらいいのかがわからない

2

女教皇

THE HIGH PRIESTESS

高潔な精神で
均衡を保ち
理想を実現する

THE HIGH PRIESTESS

　エジプトの女神・イシスを思わせる冠をいただく女教皇。手にした書物からは知性と思慮深さが読みとれます。また、ドレスの裾が海につながっていることから、彼女が神秘の海そのもののような存在であることがわかります。背後にある白と黒のソロモンの柱は光と闇を、タペストリーに描かれたシュロとザクロは男女の性という、相対する２つの狭間を表現しています。

　教養ある女教皇は、自らの理想を思い描き、それを追い求めます。しかしその潔癖さゆえに、見たいものだけを見て、己の在り方を決めてしまいます。見たくない現実にどう向き合い、対応するのかで未来が変わることを教えてくれるカードです。

正位置

全般

知性と理性が発揮される／問題を真正面から受け止め、考える／潔く決断することができる／健全な精神を保つ／直感力と洞察力に優れている／感受性が強く繊細／偽りがない

恋愛結婚

純愛だと思える清らかな交際ができる／肉体関係のない恋愛／好きな気持ちを伝えられず抱え込む／お互いに遠慮してしまい、進展が遅い／価値観の合うパートナー／届かぬ相手

学業仕事

任されたことを最後までやり遂げる／几帳面でまじめな勤務態度／どんなことでもそつなくこなす／計画をしっかり立ててから実行する／好きなことに打ち込めば飛躍できる

その他

心がキレイ／洗練された雰囲気がある／物事を冷静かつ慎重に考えられる／可憐で夢見がち／心を静めて無心になることで、リラックスできる／透明感がある／憧れている女性

逆位置

全般

完璧主義の悪い面が目立つ／どっちつかずの状態でいることに我慢できない／他者の失敗を許すことができず、必要以上に指摘してしまう／思いやりに欠けた言動／ヒステリーになる

恋愛結婚

嫉妬深くなる／小言ばかり言ってしまう／浮気されているのではないかと心配が絶えない／精神状態が不安定になる／晩婚や独身の人／相手とすれ違うことが増え、気持ちが離れる

学業仕事

現状に甘んじて、それ以上のことを求めない／行動しているふりをする／実力が伴っていないのに自信だけはある／勉強不足や確認ミスが目立ち失敗する／融通が利かない

その他

上品さがない／穏やかとはいえない環境／感情をコントロールすることができない／悪知恵を働かせる／周りの意見を聞き入れない／選り好みや晶屓などで判断してしまう

3

女帝

THE EMPRESS

慈愛に満ちた心で
あらゆる命を育て
豊穣をもたらす

THE EMPRESS

　美しく豊かな自然が広がり、川のせせらぎが聞こえてくるよう。そこにゆったりと腰を下ろし、優雅に微笑むのは女帝です。調和を表す六芒星の冠に、女性性と豊かさを示すザクロ柄のドレス。足元には、愛と美を司る金星の盾が。たおやかな彼女は、愛ですべてを受け止め、心の豊かさと実りをもたらすのです。

　肥沃な大地から育つ恵みは、あらゆる命を育てます。女帝自らも母となり、命のサイクルを紡いでいくのです。あらゆるもののつながりから生まれる新しい誕生は、有形無形に関わらず、かけがえのない財産になります。調和すること、和合することの美しさと強さが、女帝の麗しさの源なのでしょう。

正位置

全般

豊かさを受け取る／お互いに思い合える関係を築く／誰からも好かれる魅力がある／満ち足りた状況が訪れる／絶え間なく続くサイクルで発展する／ゆとりがあって優雅

恋愛結婚

穏やかで幸福なつき合いができる／寛大な心で包み込める人／愛し愛される関係を育む／母性本能を発揮する／幸せな恋愛、結婚、妊娠が望める／母のような愛情を示すパートナー

学業仕事

余裕が生まれる／十分な報酬を得られる／協力し合える仲間がいる／ストレスのない環境に身を置く／無理のない働き方をする／成績や業績アップが見込める／努力が実を結ぶ

その他

何かを生み出す力がある／誰に対しても優しくなれる／落ち着いて過ごせる／金銭的な安定を得られる／セクシーな魅力がある／容姿と能力の両方に優れている人

逆位置

全般

豊かな状態が当たり前だと思い、傲慢になる／ずっと怠けていて切り替えができない／プライドが高い／考えが甘く、トラブルに発展しがち／甘えやルーズさが生じる

恋愛結婚

お互いに依存し合う悪い関係を築いてしまう／恋愛が実らない／家庭環境が悪くなる／不倫や浮気に走る／望んでいない妊娠をする／性格や価値観が合わず、うまくいかない

学業仕事

無駄な行動が多い／成果を上げられない／勤務態度が悪く、周囲の信用をなくす／集中力が続かず、ミスを引き起こす／努力が足りない／成績や業績が上がる気配がない

その他

自制心が弱くなり、感情をコントロールできない／考えが甘く人に頼りっぱなし／太りやすくなる／だらしのない生活で体調を崩してしまう／すぐに妥協し、楽な道に逃げる

4

皇帝

THE EMPEROR

強い意志のもと
人々を統率し
地位を確立する

THE EMPEROR

　牡羊の玉座に座る皇帝。彼は牡羊座の情熱と気概で、いつでも甲冑の上にまとったローブを脱ぎ捨てて戦いに向かう覚悟を決めています。数々の危機を乗り越えて得た、自らの城や国を守ることは、決して容易いことではありません。背後にそびえる岩山が、彼が生きてきた険しい過去を物語っています。

　リーダーとして人々を率いる皇帝は、自らの望みだけにとらわれて周囲をおざなりにすることは許されません。信頼に応えて人望を集めながら、実績を積み上げる必要があります。これまでの経験と功績、築いてきた人間関係が、自らの椅子の座り心地と今後の可能性を左右するのです。

正位置

 全般
物事を発展させるために努力する／リーダーシップを発揮することで組織が安定する／高い向上心をもち、明確な理想に向かって進める／責任感の強い状態／成功を確実につかむ

 恋愛結婚
誠実な恋愛ができる／器が大きく、どんな時でも頼りになる相手／結婚を前提にしたつき合いが始まる／交際期間が長く、安心できる関係／堂々とした振る舞いが決め手となる

 学業仕事
才能を存分に発揮する／安定した収入を得る／トップに上りつめるだけの実力をもつ／指導力や実行力に長けている／大きなコミュニティーを築く／地位が高い／人望が厚い

 その他
気移りせず1つのことに集中する／これまでの努力が実を結び、さらなる発展につながる／男性的な考え方／いつも安定していて落ち着きがある／健康な体でいられる

逆位置

  全般
自己肯定感が低く、自信がない／立場を利用して、悪い方向に力を使う／ワンマン行動すると裏目に出やすい／採算の取れない計画を進めてしまう／表面的な人間関係しか築けない

 恋愛結婚
相手の気持ちを考えず、自分勝手な行動を取る／損得を考えて動く／妥協している／結婚に踏み切れない／気持ちが定まらず、目移りしてしまう／一方的な愛情／無責任な関係

 学業仕事
責任感がなく、誰からも信頼されない／いざという時にためらう／実力が足りず、統率できない／言動に一貫性が見られない／意欲が低下していてすぐに飽きてしまう

その他
思い通りにならない状況／築き上げてきたものが崩れてしまう／勝負運がない時／一番になれない／誘惑に弱い／精神状態が安定しない／現実主義となり、夢をもてない

5

司祭

礼節と他者を尊び
模範となることで
世界の秩序を守る

THE HIEROPHANT

　"父と子と聖霊"の三位一体を表す、三重の十字架を持った司祭。3本の指を立てた手で、祈る2人に祝福を与えています。左右の柱が区切るのは、神と人間の世界。足元のカギは、神の世界への扉や、悪魔のカードに描かれた鎖を開閉できることを暗示し、庇護を求めて生きる人々の心を支えているのです。

　人の心のより所としての役割を担う司祭は、人間関係に欠かせぬ、他者を尊重し許すことの大切さを説き、尊敬や信頼から生まれる絆の尊さを教えます。秩序を守り、協力し合う人間関係が広まることで、良き社会が築かれていく……。物質面だけでなく精神面も充実することが、モラルある社会の基盤になるのです。

正 位 置

全般 社会性や協調性が保たれる／ルールを守ることで平穏に／慈愛の心で周囲に優しく接する／目上の人からの助言で道が拓ける／周りを素直に受け入れる／救いがある／伝統を守る

恋愛結婚 尊敬できる人とつき合える／心の支えとなるような恋愛／結婚を前提とした交際が始まる／周囲から祝福される理想的な結婚／信頼と敬愛で交際／お見合い／駆け引きなしの関係

学業仕事 恵まれた職場関係／協力者や、後押しとなる人物が現れる／教師、医学、法律関係などの専門職が向いている／相手から信頼を得ることで次につながる／資格取得のために勉強する

その他 周囲から有望視される／カリスマ性を発揮する／相手が納得する力をもつ／冠婚葬祭に赴く／伝統あることを学ぶ／ボランティアに参加する／神社仏閣を巡ると、気づきを得る

逆 位 置

全般 保守的で周囲の意見を聞き入れない／規律を守らない／信頼を失う／不信感を抱く、抱かれる／人の善意につけ込み、倫理観からはずれる／不本意な状況になる／疑心暗鬼を生ずる

恋愛結婚 公表できないわけありの関係／周囲から反対される交際／一方的な愛情で相手を苦しませる／相手をだまして交際する／弱みにつけ込むことで結んだ関係／縁に恵まれない

学業仕事 約束を守れず信用をなくす／成績や業績の浮き沈みが激しい／私情をもち込んで失敗する／粘り強さが足りない／目上の人との関係が悪い／協力者や味方を得られない

その他 秩序を守ることができない／相手を不快にするような言動を取る／裏で糸を引き隠ぺいする／アンモラルなことに興味を引かれる／流行に乗り遅れる／欲を出し過ぎてしまう

6 恋人

THE LOVERS

幸せな時間に溺れ
流れに身を任せて
選択の時を迎える

THE LOVERS

　美しく広がるエデンの園で向き合う恋人たちは、アダムとイヴです。大天使ラファエルが2人を祝福しています。一糸まとわぬ裸の2人の様子は、欲するままに心地よさに身を任せていることを物語っているよう。時間を忘れて過ごす夢のようなひと時は、人を夢中にさせ、同時に油断をさせるのです。

　イヴが手にする禁断の果実は、まだかじられてはいません。このあと、2人は果実を食べて、楽園から追放されてしまうのでしょうか。イヴの背後から2人を覗く蛇が、誘惑の行く末を見守っています。甘い時間が、自らを陥れるトラップになるかどうか。手にした果実を前に、未来を選ぶ瞬間が迫っているのです。

正位置

全般
楽しいことに熱中し、心身共に満たされる／どうしようもないほど魅了されている／選択の時が近づく／時間を忘れて過ごす至福のひと時／状況が変化しやすい／ときめきを感じる

恋愛結婚
ロマンティックで幸せな恋愛／お互いに理解し合い、いつまでも楽しくいられる／心ときめく出会いがある／フィーリングが合う人とつき合う／感じが良く魅力的な人に惹かれる

学業仕事
楽しく取り組む／得意分野で飛躍／力を合わせて作業する／相性ぴったりなパートナーが見つかる／交渉がうまく運ぶ／快適な作業環境が整う／時間を忘れて集中する

その他
気楽に過ごす／親しみやすい態度／人を楽しませたいという気持ちがある／ストレスがなく快適／羽を伸ばせる環境／気分転換がうまくいく／嗜好品を嗜む／カジュアルな感覚

逆位置

全般
後先を考えない楽観主義／一時の快楽に溺れる／目的がなく適当に生きる／気が変わりやすく、アテにならない／むなしさを感じるまやかしの幸せ／現状に胡坐をかく

恋愛結婚
目移りしがちで真剣な恋愛にならない／不純な動機でつき合う／不倫や浮気など、不誠実な男女関係に陥る／関係を長く続けられない／愛情がないまま、ずるずると一緒にいる

学業仕事
その場しのぎで動く／集中できず、捗らない／他の人と協力できない／情報がうまく伝わらずミスを引き起こす／仲間割れが起こる／失敗を繰り返す／計画が破綻する

その他
生産性のない行いをする／意地を張ってしまい、周りに迷惑をかける／悪い習慣から抜け出せない／兄弟とうまくいかなくなる／新しい趣味を始めても長く続かない

7 戦車

THE CHARIOT

不屈の精神で
勢いに任せて
自ら道を切り拓く

　白と黒の荒ぶる馬に引かれた戦車。それを走らせる戦士は、馬の勢いをゆるめずに目的地を目指しています。2頭の馬は、この先に訪れる分岐点や、戦士の心の中にある相反する勇気と怯弱さを意味しているのです。自らのエネルギーをどこに向けていくのか、制御できるのかどうかが、戦士の未来を変えていきます。

　この戦車には、手綱がありません。天蓋と戦士の冠に模された八芒星が、自らの知性と強さが目標への導きになることを教えてくれます。心を決めて戦車を進めて行った先で、勝利を収めることができるのかどうか。勢いを止めず、先回りするスピード感と勇気が問われています。

正位置

全般
やる気をみなぎらせる／勢いがついている状態／積極的に行動することで勝利や成功をおさめる／迷いを捨てて歩み始める／知らない世界でも怖気づくことなく飛び込める

恋愛結婚
気持ちをぶつける／急激に進展していく／一途に愛する／好奇心旺盛でいろいろなところへ出かける／勝負に出て、ライバルを打ち負かす／パワーをみなぎらせる大胆な人

学業仕事
先手必勝で、スピーディーに行動したい時／コンペに勝つ／問題解決に向けて動き出す時／リーダーとしてみんなを引っ張る／企画が採用される／合格、昇進、昇格が望める

その他
力強くて元気／忙しさから、せわしなく動く／行動に移すのが早い／勇気がある／チャレンジ精神のままに挑戦していく／流行を追いかける人／乗り物で移動する／身体を動かす

逆位置

全般
力をコントロールできない／偏った考え方になる／準備不足で失敗する／障害や困難が生じる／良くない知らせが舞い込む／はっきりと言い過ぎて人を傷つける／いくじなし

恋愛結婚
自分のことしか考えない相手／些細なことでケンカになる／意見が合わないのにどちらも譲ろうとしない／勇気が出ずに関係がなかなか進まない／破局や離婚の危機が訪れる

学業仕事
判断を誤る／うわべだけの浅い知識／計画していたことが途中で終わる／やる気が出ずに時間だけが過ぎる／スランプに陥る／ミスを引き起こす／調子に乗って鼻高々になる

その他
決断力が低下する／体調管理がうまくいかない／壁にぶつかって前に進めない／面倒なトラブルに巻き込まれる／注意力が失われ、ケガや事故のリスクが高まる／延期になる

8 力

STRENGTH

深い愛で寄り添い
協力し合うことで
新たな力となる

STRENGTH

　百獣の王ライオンは、まさに力の象徴。その力強いライオンに寄り添って、優しい関係を築いた女性がいます。制圧するのではなく、愛で結ばれたライオンと女性は、あらゆる力の融合を意味しているのです。女性の頭上にある無限マークは、ここに生まれた力こそが、本質的な「力」だと教えてくれます。

　互いに拮抗し相殺し合う力は衝突しか生みませんが、2つの力がひとつになれば、倍以上の力が生まれます。一方的に相手を服従させるのではなく、協力し合う関係を築くことで、新たな力を目覚めさせるのです。これは、自らの心の葛藤を乗り越えることにも通じます。

正 位 置

全般
困った状況をチャンスに変えられる／正念場を迎える／敵対していた人をなだめる／どんなことも最後までやり抜く／手ごわい相手／ふんばりが必要／仲間の助けや応援が得られる

恋愛結婚
思いやりと忍耐力を必要とする関係／強い意志のある相手／固い絆で結ばれる／恋が実るまで時間がかかる／ケンカをしても仲直りできる／足並みをそろえる／信頼を育む

学業仕事
高い目標に挑み、達成する／良いパートナーやスポンサーに出会う／長期に亘る計画も焦らず着実にこなす／必ず仕事をやり遂げる／自分の弱点や欠点を克服して、より成長する

その他
前向きな覚悟がある／多くの人の協力を得られる／ピンチに不屈の精神で立ち向かう／逆境を切り抜ける／失敗を生かして勝利をつかむ／ストレスをためないように気をつける

逆 位 置

全般
断念せざるを得ない状況に陥り、気持ちが冷めてしまう／集中力が必要な場面で気を抜いてミスをする／気持ちの強さが試される／もう少しのところで夢破れる／強がってしまう

恋愛結婚
嫌われることを心配して相手の顔色ばかりうかがってしまう／自分では御しがたい恋をする／やり取りが面倒になって投げ出しそうになる／相手への思いが冷める／自分本位になる

学業仕事
根気がない／協調性に欠ける／諦めの気持ちがある／やる気が落ちて集中力が切れる／目の前の問題に向き合おうとしない／身の丈に合わない目標を掲げる／パワーが不足している

その他
大きな力に屈服させられる／後ろ向きに考えてしまう／責任から逃れようとする／忍耐力に欠ける／相手を都合良く利用しようとしていることを知られる／弱気になって負ける

9 隠者

THE HERMIT

己の内を見つめ
真に進むべき道を
探し追い求める

THE HERMIT

　ローブで身を隠すようにうつむく隠者は、真理へと導いてくれる六芒星のランタンで、行く先を照らしています。ランタンから大きな光の輪が広がりますが、隠者は目を閉じたままで何も見ていない様子。光の輝きは、彼の過去の栄光そのものですが、誇らしさや口惜しさ、喜びも悲しみもある過去です。

　蓄えられた豊かな髭は、彼に人生のキャリアと培ってきた知識や経験があることを物語っていますが、それを未来に生かせるかどうか……。過ぎ去った栄光にしがみつくのか、失敗からの学びで新たな道を拓くのかが問われています。自らを省みることで、ランタンの導きを得るのです。

正 位 置

全般　自分の心と向き合う時／アップダウンは収まり、穏やかに過ごす／1人の時間を欲する／目に見える成長や進展はないが、内面の探究が深まる／現状を維持する／相談相手が出現

恋愛結婚　相手への理解が深まる／過去の経験に問題解決のカギがある／落ち着いた人や年上との縁／精神的に成長させてくれる関係を築ける／つき合った相手と長続きする／慎重になる

学業仕事　経験を生かして部下を率いる／ベテランとしての精神的な充実を感じる／専門職や研究職など、何かを極める仕事に向く／長く続けてきたことが生かされる／さらなる学びを求める

その他　やりたいことを貫く信念がある／思わぬところで自分の専門的な知識が役に立つ／一般受けはしないが良いものを見抜く力がある／細く長く、変わらぬ関係が続いている

逆 位 置

全般　「あの頃はよかった」とつい過去に浸ってしまう／自分の世界にこもっている／好きなものを理想化しすぎる／人に理解されない／人の目を気にしている／孤独感を覚える

恋愛結婚　現実を見ていない／妄想の恋に夢中になる／昔の恋人を追い求めてしまう／夢を見がち／復縁のきっかけがある／潔く諦めることも考えたい時／心を閉ざしている／消極的になる

学業仕事　かつてうまくいかなかったことに取り組む時／正論を無視して、自分の間違いに気付けない／社会のルールにうまく適応できない／転職のタイミングではない／問題を直視しない

その他　物事が滞る／誰にも頼らずに1人で進めようとする／意志が弱く、周りに影響されやすい／集団にとけこめない／気難しくなる／こだわり過ぎている／人づき合いを楽しめない時

10 運命の輪

WHEEL of FORTUNE

あらゆる生命は
抗えない運命に
流され翻弄される

WHEEL of FORTUNE

　剣を持つスフィンクスによって断ち切られた運命を、どうつなぎ合わせるかで、未来が変わるのかもしれません。運命を示す輪のまわりには、生と死を見守るアヌビスと、永遠に渦巻く蛇も接しています。四隅には、運命の輪の回転を促すテトラモルフ（天使、ワシ、有翼のライオン、有翼の牡牛）がいます。

　運命の輪は流れのままに回転し、上昇と下降を繰り返します。流れに乗った先で運をつかむのか、つかみ損ねるのか。それとも流れに逆らおうとするのかで運命が変わります。運命の輪の流れは、当事者の心の準備を待つことはなく、いつも回り続けながら生きとし生けるものを翻弄していくのです。

正位置

全般

停滞していたことが好転する／取り組み始めたことがスムーズに展開する／思いがけない機会が訪れる／直感的に正解を見抜く／流れに乗れる／期待がふくらむ／嬉しい偶然がある

恋愛結婚

運命を感じる人と出会う／結婚へと弾みがつく／一目惚れした相手と意気投合する／情熱的な恋愛関係になれる／相手に思いを伝える絶好のタイミングが巡ってくる

学業仕事

チャンスを余すことなくつかめる／感じのいい仕事仲間に恵まれる／何かに抜擢される／良い方向に勘が働いて絶好調となる／予想外の事態にも即座に対応できる／作業が捗る

その他

出番が巡ってくる／おもしろいことがある／ひらめきが冴える／心に残るような感動的な出来事がある／会いたいと思った人に良いタイミングで出くわす／運命の岐路に立つ

逆位置

全般

なかなか答えにたどりつけない／問題に対処できず下降していく／急な不運に見舞われ呆然としてしまう／自分でコントロールしようとすると、うまくいかなくなる

恋愛結婚

関係が長く続かない／相手との価値観のズレを感じる／片思いの相手が別の人とつき合う／タイミングが合わず、相手とすれ違うことが増える／波乱万丈の恋をする

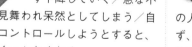

学業仕事

頑張りが空回りする／不得意なことを任される／不利な状況にある／他人の失敗の巻き添えになる／失言をして、自らを追い込んでしまう／臨機応変に対処できない

その他

好機を逃してしまう／つまらない気分を味わう／相手の記憶に残らない／時代遅れな価値観を捨てられない／場違いに感じる／同じことが繰り返される／変化に振り回される

11

正義

JUSTICE

私見を捨てて公明正大な判断で物事を見つめる

　裁きの剣と、罪の重さをはかる天秤を持つ裁判官は、公正な判断で正義をまっとうします。緊張感を漂わせる裁判官の面持ちは、中立的な立場を守ることの厳しさを物語っているのでしょう。裁判官が剣と天秤を正しく用いるためには、自らの感情や主観を取り払う必要があるのです。

　右は精神性、左は物質性を象徴します。ドレスから出た右足は、利益に左右されない強い志の表れ。右手の剣と左手の天秤で現状を見据えて正義を遂行する裁判官は、感情に流されず、冷静に物事を見つめて判断を下せるかどうかを問われています。現実を受け止めて、事実を見極める必要があります。

正位置

 全般 問題を整理し、事実を検証する／公正な立場で物事を見る／正しいと思ったことを最後まで貫く／精神が安定している／過去の行動の結果が現れる／引き分けになる

 恋愛結婚 今後の展開を客観的にとらえられる／対等な関係を築く／お似合いの相手と出会う／良い意味でギブ・アンド・テイクが可能になる／やましい関係を避ける／友達から始まる関係

 学業仕事 プライベートと仕事のバランスが良い／努力に見合った報酬を得る／正当な評価を得る／責任のある行動をする／徐々に有利となる／ビジネスライクになる／不正を見逃さない

その他 物事を正しいか正しくないかで判断する／論理的な思考を好む／不正や悪を見抜く、裁く／モラルを守る／常に周りと比べてしまう／ユーモアのセンスに欠ける／人を公平に見る

逆位置

 全般 考え方に偏りがある／過去の不正を責められる／罪悪感にさいなまれる／バランスが崩れる／理不尽な目に遭う／自分の罪を隠して体裁を取り繕う／勝手な行動を取る

 恋愛結婚 相手が間違っているという思いが強い／自分に都合の良い相手と打算的な交際になる／相手と合わないと感じてもキープしておきたいと思う／不平不満が募る／相手を品定めする

 学業仕事 頑張りに見合わない不公平な扱いを受ける／失敗に対して言い訳をする／人の成果を奪おうとする／公私の両立ができずどちらかが疎かになる／損をしそうなことはやらない

 その他 歪んだ正義感をもっている／何かをごまかしている／泣いて許してもらおうという甘さがある／自分勝手になり、周りがついてこない／えこひいきをする／モラルに反する

12

吊られた男

THE HANGED MAN

動きが制限され
苦しい時にこそ
発想が生まれる

THE HANGED MAN

　逆さ吊りにされながらも、穏やかな表情を浮かべ、寛いでいるようにさえ感じられる男性。両腕は背後で縛られて、手も足も動かせない状況ですが、頭部からは悟りを示す後光が広がっています。逆さ吊りに慣れてしまったのか、この状況を満喫しているのかは、吊られた男の受け止め方しだいです。

　このカードは、動けない時の過ごし方が問われています。他のことに手が回らないのであれば、目の前のことに専念するしかありません。全力で集中すれば、これまで気づくことのなかった名案が浮かぶことも。落ち着いて1人になる時間や、天地を逆さにするような発想の転換が必要なときもあるものです。

正 位 置

全般

行動の自由が制限される／覚悟を決めることで克服する／どうしようもない状況に堪える／自分と向き合うことで限界を知る／助けのない環境で試行錯誤し、新しい気づきを得る

恋愛結婚

自分の気持ちを確かめる時／進展がなく停滞期を迎える／相手につくすばかり／お互い1人になれる時間が必要／現状に耐え、時間による変化を待つ／不安は次第に消える

学業仕事

受け身となり、自力で事態を変えられない／キャパシティを超えたことをする／見返りを求めず奉仕する／試練を経験する／じっくり向き合うことで徐々に課題が消化される

その他

自己犠牲による負担が大きくなる／ハングリー精神で乗り越える／間違いを素直に認めて反省する／現実を受け止め、解決策を考え抜くことで新たな道が拓ける／非力さを悟る

逆 位 置

全般

苦しみから逃れようとすると、かえって痛みが増す／恐怖心から抵抗するが、何をしても状況は変わらない／指摘を受けたことによる不安から間違った行動を起こす

恋愛結婚

実る可能性の低い片思いとなる／執着し、相手しか見えなくなる／自分勝手な恋心を抱く／もどかしい気持ちになる／焦ってしまい、望みとは違うことをする／現実を認められない

学業仕事

やり直しとなる／自分の権利や見返りが気になる／現実を受け入れられず、目をそらしている／覚悟が決まらず、逃れたくなる／疲れすぎて、まともに考えられない／短絡的になる

その他

悪あがきが続いている／スケープゴートとなる／こらしめられる／自虐的な言動になる／1人の時間に耐えられなくなる／何を言われても受け入れられない／プレッシャーが強い

13
死

DEATH

死は新たな始まり
終わりと再生は
表裏一体の関係

DEATH

　花嫁姿の死神が、白馬に乗って通り過ぎていきます。死神が通り過ぎたあとには白骨が転がり、過ぎ去った死があることを教えてくれます。すべての命に与えられた死が刻むのは、生まれ変わりへのサイクル。遠くに見える太陽が沈んでまた昇るように、終わりと始まりを繰り返すのです。

　この花嫁は、本当に死神でしょうか。もしかすると、過ぎ去った時にしがみついて屍と化した自分自身なのかもしれません。新しい始まりに向かうには、死を受け入れて、終わりにしなくてはいけないこともあります。再生や生まれ変わりは、今を終わらせることと背中合わせなのです。

正位置

全般
続いていたものが終わる／強制的にリセットされる／大事な人との別れで環境や人間関係が一変する／気持ちを切り替えられている／急な展開にあっけにとられている

恋愛結婚
関係を解消する覚悟が決まる／割り切ったドライな関係を築く／次の恋に進む／ひっそりとつき合う／別れることでスッキリする／次の段階へ関係を進める／執着が消える

学業仕事
方針が変わる／新しい環境で取り組むことになる／人生の岐路に立つ／世代交代を受け入れる／心を入れ替えて出直す／踏ん切りがつく／執着を手放す／断念する／合理的に考える

その他
何かからの卒業や転居など、明確な終わりを迎える／物事の終わりが次の始まりにつながる／転機を迎え、しっかり気持ちを切り替える／物事の新陳代謝が激しくなる

逆位置

全般
足踏み状態にある／変化についていけず、自分のやり方を変えることができない／気持ちの整理ができない／納得できない現実を受け入れられない／苦労が長引く／再就職をする

恋愛結婚
望みがないとわかっていても諦めきれない／未練を断ち切れず復縁を願う／好きな相手に気持ちを伝えられない／曖昧な関係に苦しむ／恋の痛みが続いている／感情的になる

学業仕事
前進できない事情がある／初心にかえって頑張る／過去の成果に胡坐をかく／新しいことに対応する余裕がない／覚悟を決めて取り組む勇気が出ない／起死回生をねらう

その他
再挑戦しても後味の悪い終わり方になる／度重なる失敗で負のループに陥る／目の前の問題を解決しようとしない／終わったことを認められずにしがみつき、苦しみ続ける

14 節制

TEMPERANCE

異質なものと混ぜ
結びつけることで
新しく生み出す

TEMPERANCE

　両手でカップの液体を混ぜている大天使ミカエルは、錬金術師でもあります。異なるものを混ぜ合わせ、分量を調整し、新しいものを生み出すのです。水中と陸地に置かれた左右の足は、物質世界と精神世界の２つのつながりを表しています。

　このカードは「混ぜ合わせる」ことを意味しており、それは人間関係やコミュニケーションの解釈にもあてはまります。自分と他者のまったく異なる意見や気持ちを交換し、折り合いをつけて折衷案を出すことは、互いの思考を混ぜ合わせた結果の１つです。物理的・精神的な化学反応を起こして、それを調整し、新しく進化させていくことが問われています。

正位置

全般 複数のものを統合する／調整したり、再編成する／人との交流が活発になり、影響を受ける／種類の違うものを組み合わせることで化学反応が起こる／ちょうどよい状態を模索する

恋愛結婚 心が通じ合う関係を築く／心身共に相性が良く、順調に恋が進展する／相手の知性に惹かれている／お互いに刺激し合い、新しい発見を与え合う関係になる／相手に関心を寄せる

学業仕事 仲間と積極的に関わることのできる良い環境が実現する／勉強したことを活用できる／ディスカッションをしてお互いを理解し合う／新発見がある／やりすぎを調整する

その他 お金をしっかり管理できる／迷ったら折衷案を考える／様々な意見をとり入れて参考にする／スムーズに移動できる／信頼できる治療を受ける／サプリや食べ物が身体にあう

逆位置

全般 周囲に溶け込めず、反抗する／何かとすれ違ってしまい期待はずれの展開になる／合わない環境に身を置き、消化不良の状態になる／周りと衝突する／生活が乱れる

恋愛結婚 進展したかと思うと、後退する／自分のことを優先して相手を振り回す／一方通行が続く／会話が足りない／話が噛み合わずお互いを知ることが難しい／相手の話を聞いていない

学業仕事 協調性に欠け、ワンマンになる／問題が起きた時に臨機応変に動けない／周囲から孤立してしまう／衝突する／ストレスを感じて、体調を崩す／望まない結果が出る

その他 柔軟性に欠ける／良いと思って取り入れたものが身体に合わない／交通渋滞や電車の遅延に遭う／もっているスキルをうまく活用できない／日常生活において無駄が多い

15 悪魔

THE DEVIL

心の弱さを餌に
増幅する欲望が
悪魔の呪縛となる

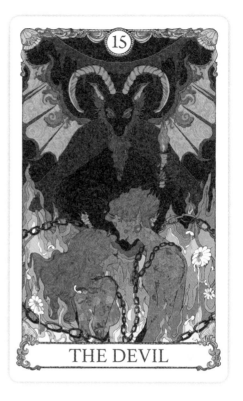

THE DEVIL

　悪魔の前で見つめ合って微笑む男女は、恋人のカードに描かれた楽園から追放されたアダムとイブ。2人は裸で鎖につながれていますが、その鎖はゆるく、ハートを描いています。いつでも逃げられるはずのこの鎖は、本当に悪魔がつないだものなのか。欲望に目がくらみ、自ら生み出したものかもしれません。

　呪縛の鎖は、己の中に巣くう悪魔に理性を蝕まれ、自らの欲望に溺れることで作られます。そして自制心を失い貪欲さを強め、どんどん堕落するでしょう。また、「○○だから」という責任逃れや、「少しだけ」という甘えも、悪魔の鎖を生みます。心の弱さに打ち勝てるかどうかが未来を変えていきます。

正 位 置

全般

自制が効かない／欲望に取り込まれる／さらなる強い欲求が生まれる／誘惑に負けて感情が抑えられなくなる／気力を奪われて現状に甘んじる／かんしゃくを起こす／魔が差す

恋愛結婚

相手に依存している状況／浮気をする／嫉妬をおさえきれない／悪縁をなかなか切れない／一夜の関係で終わる／束縛する／不倫関係になる／危険な恋をやめられない／性欲を優先する

学業仕事

本当にやりたいことから目を背ける／地位や功績に固執する／不正に手を染める／だまし合いになる／不安で辞められない／不当な扱いを受ける／だらしない態度になる

その他

常識はずれになる／秩序を乱す／悪習慣を改められない／お金を使いすぎる／倫理に抵触する／生活環境が乱れる／卑屈で醜い感情を抱く／先に進むことを恐れる／言い訳をする

逆 位 置

全般

欲求をコントロールしようとする／良心で悪意に打ち勝つ／長く続いた悪縁を断ち切る／これまでの過ちを反省する／欠点を直そうと努力する／悪癖を改める／悩みが解決する

恋愛結婚

誘惑に抗う／束縛から抜け出そうとする／依存関係を改めるチャンスが訪れる／邪な感情を振り払おうとする／不純な縁や腐れ縁を断ち切ることができる／別れを決断する時

学業仕事

やめたいことから解放される／現状の改善を求める／規律を守ろうとする／退職のチャンスがくる／自分の意志を取り戻す／勉強の行きづまりを解消する／スランプを脱する

その他

秩序を取り戻す／変化を恐れず立ち上がろうとする／悪い習慣を正すために行動する／自分の非を認める／生活環境を見直す／呪縛から解放される／生まれ変わるチャンスをつかむ

16

塔

THE TOWER

落雷がもたらす
衝撃的な崩壊と
思いがけない変化

THE TOWER

　落雷の衝撃で崩壊する塔のカード。飛び出す王冠はこれまで
に築き上げてきたものを、落ちていく天使たちは現状を手放す
ことを意味します。そして壊れる塔は、思いがけない変化や出
来事、刷新の必要性を告げています。新しいはじまりには、必
ず、節目が訪れます。大きな変化への流れです。

　破壊的なイメージの塔ですが、決して恐れることはありませ
ん。びっくりする出来事だとしても、それがきっかけとなり嬉
しい未来につながることもあるからです。電撃的にビビビと感
じる出会い、いい意味でのショック、ひらめきがもたらされるな
ど、意外な展開が待ち受けている可能性も十分にあります。

正位置

全般
想定外の出来事に混乱する／改革がもたらされる／アクシデントに見舞われる／新たなひらめきを得る／考え方が変化する／ショックを受ける／予定や計画の急な変更

恋愛結婚
心変わりする／衝撃的な出会い／別れが訪れる／感情が爆発する／深刻な大ゲンカ／別れることになる／大胆な行動に出る／衝動的に肉体関係をもつ／電撃結婚をする

学業仕事
取り組み方が大胆に変わる／リニューアルする／考え方が大幅に変化する／ジャンルの違う新しい道を見つける／倒産、辞職、転校という転機が突然訪れる／人間関係が入れ替わる

その他
インパクトのある出来事に遭遇する／事故に遭う／災害が起こる／ケガをする／突然倒れてしまう／物事が急激に進展する／根本的な改革を迫られる／衝動に突き動かされる

逆位置

全般
茫然自失の状態が長引く／緊張が続く／じわじわと傷口が広がっていく／新しい展開を受け入れない／老朽化している／徐々に世代交代する／変化せざるを得なくなる

恋愛結婚
やきもきする／まるで相手を理解できない／欲求不満をため込む／ストレスを抑えきれなくなる／言いたいことを小出しにする／その場の感情で別れる／後悔の念が湧いてくる

学業仕事
成績や業績が伸び悩む／緊迫感のある状況が続く／進歩がない／厳しい状況／ブラッシュアップできない／ごまかしがきかなくなってくる／根本から正さないと無意味に終わる

その他
変化の痛手が後々響いてくる／最悪の事態は回避する／どうにもならないことに抗う／変わることのできないまま取り残される／時代遅れの考えを改められない／すぐダメになる

17

星

THE STAR

穢れなき清い心で
目標を追いかけ
才能を開花させる

THE STAR

　夜空に輝く大きな一等星のシリウスは、まさに希望の星。何も見えない夜の道標となり、旅人や船を導いてきました。その下に、沐浴をしているらしき乙女が。両手の水瓶から水を注ぎ、万物の命を育てています。水は心に意味付けられるもの。湧き上がる希望が心のエネルギーとなり、夢を叶えていくのです。

　聖鳥に見守られている乙女は、自らも輝いています。惜しみなく水を注ぐため、裸体を隠そうともしません。穢れも、偽りもない乙女は、目標とする星を目指して、自身も星のような存在になっていきます。理想を追いかける純粋な姿勢が、乙女の才能を開花させて、可能性を拓いていくのです。

正位置

全般
心身共に、良いコンディションでいられる／正しい道を歩んでいる／希望の光が見える／未来へ向けてひた走る／夢や目標を見つける／高い理想を掲げる／やりがいを感じる

恋愛結婚
恋の先行きに希望がもてる／誠実なつき合いができる／理想的な人と出会える／無償の愛を注ぐ／良い方向に進展する／純粋な気持ちで愛せる／素の自分を出せる相手／憧れの存在

学業仕事
才能が花開く／活躍することができる／期待の星／コンディションが整った状態を保てる／インスピレーションが冴える／見通しが明るくなる／目標を高くもつ／実力を発揮する

その他
健康でいられる／体調が良くなる兆しがみられる／純粋な希望をもつ／晴れやかな気持ちになる／思いがけない幸運に恵まれる／新しいものを発見する／積極的に挑戦できる

逆位置

全般
希望が失望に変わる／高すぎる理想が絵空事で終わる／夢に挫折する／苦労が水の泡となる／目標を見失う／拍子抜けの展開にしらける／予定が白紙に戻る／無駄遣いをしてしまう

恋愛結婚
理想が高く現実を見ない／悲観的になる／実のない会話をする／良い話が破綻する／意味のない交際と思ってしまう／うぬぼれて自分を見失う／相手に幻滅する／関係が白紙になる

学業仕事
目標が高すぎて達成への道のりが見えない／アイデアが不採用になる／人に後れをとる／やりたいことができない／判断を誤る／無駄な努力をしてしまう／計画が失敗する

その他
がっかりする／現状を楽しめない／心の潤いが不足する／不健康な生活を送る／未来に希望をもてない／無気力で消極的になる／不純な思いを抱く／落胆する／休息を取るべき時

18 月

THE MOON

予測不能な状態で
虚偽か真実か恐れ
心が不安定になる

THE MOON

　闇の中に浮かぶ月。その表情は、自らの満ち欠けによって刻々と変わっていきます。月を見上げる犬と狼は、その姿に魅入られているようです。美しい月は、同時に得体の知れない空気も醸し出します。水から這い上がるザリガニが、水面下にあった隠し事が浮上することを告げているかのようです。

　おぼろげな月の下では、すべてのものが謎めきます。不透明な視界が想像力を掻き立て、神秘のベールへと誘うのです。見通せない状況は現実をぼやかし、嘘に真実味を与えます。目の前にあるものや、思い描いたことが本物なのかどうか。光の道を見失わなければ、答えにたどり着けるかもしれません。

正位置

全般 物事が曖昧な状態／今後の見通しが立たない／不安を掻き立てられる／隠したい秘密がある／見えていない真実がある／心がモヤモヤする／深読みして人間不信になる

恋愛結婚 相手を信用しきれない／不誠実な態度を取ってしまう／ロマンティックなムードに包まれる／わけありの相手と恋をする／ライバルが潜んでいる／偽りの恋に過ぎない

学業仕事 満足な結果を出せない／なぜか誤解を招いてしまう／現状に戸惑いを覚える／何事もずさんになる／安全に進める保証がない／敵意を向けられる／状況の把握ができない

その他 悲しい展開が待ち受ける／得体の知れない不安を覚える／探し物が見つからない／アンニュイな気分が続く／空き巣に入られる／詐欺に遭う／隠れていた病気が見つかる

逆位置

全般 幻想から抜け出す／状況をはっきり理解することができる／悩みや不安が解消される／嘘や偽りが明らかになる／何事も良い方向に進む／明るい未来が見え始める／我に返る

恋愛結婚 急に冷めてしまう／気持ちを偽っていることに気付く／相手の本性を知って幻滅する／秘密の恋が周りにばれる／少しずつお互いを理解できる／受け身でいるほうが無難な時

学業仕事 冷静に見つめ直せる／感情をクールダウンする／自分の現状を認識する／現実的に考えることができる／問題の原因が判明する／丁寧に取り組む／自分を見失わない／やる気アップ

その他 隠れていた物事が見え始める／謎が解ける／足りない部分を自覚する／次の展開が見えてくる／頭の中を整理して気分がスッキリする／病気が回復していく／危険を回避できる

19

太陽

THE SUN

活気にあふれた
太陽の下で輝く
生命の成長と喜び

THE SUN

　光り輝く太陽の下で、馬に乗った子どもが旗を掲げています。子どもがいるのは、奥に見える壁の内側なのか、外側なのか。どちらにも満遍なく降り注ぐ太陽の光がすべての命を照らし、生きるエネルギーを与えています。ひまわりが花を咲かせるように、可能性を秘めた子どももどんどん大きく育つのでしょう。

　すべての存在にスポットをあてる太陽は、物事に光を与え、隠されていたことや闇にあったものを露わにします。脚光を浴び、認められる兆しです。生まれたままの姿で天真爛漫に遊ぶ子どものように、嘘偽りなく、積み重ねをプロセスとして楽しんで成長できるかどうかが問われています。

正位置

全般
情熱をもって突き進む／生きる喜びを得る／一歩踏み出す／充実した日々を送る／エネルギーに満ちている／成功をつかみ取る／困難を乗り越えるための気力がある

恋愛結婚
祝福される／恋が実る／お互いに秘密や偽りがない／利害関係のない純粋な愛を育む／誠実な人と出会う／協力し合える／一緒にいると元気がもらえる／子宝に恵まれる

学業仕事
努力が報われる／成果を上げる／難しい課題も楽しくこなせる／栄光を手にする／実力が認められる／人前でほめられる／自分らしさを失わない／注目される出来事がある

その他
頑張ればどうにかなる／脚光を浴びる／健康な体でいられる／1日中元気に過ごせる／飾らない態度が好感を呼ぶ／気持ちを明るく保てる／素敵な笑顔／天気が良い

逆位置

全般
思い通りに実力を発揮できない／心身共にエネルギーが足りない／成長できず未熟なまま／素直になれない／何をしても楽しくない／悲観的になる／リベンジの機会を待つ

恋愛結婚
利害関係を気にする／先行きに不安を感じる／信じたくても信じられない／不誠実な人と出会う／隠し事をされる／浮気や子どものことでケンカになる／むなしさを感じる

学業仕事
頑張りが認められない／成果を横取りされる／見返りが少ない／ほめられてもうれしくない／モチベーションが下がる／中途半端に終わる／注目されない／仲間とのトラブル

その他
重要なことを見過ごしてしまう／体力の衰えを実感する／不調が続く／純粋に楽しめない／遠慮しがちになる／暗い気持ちが晴れない／逃げ腰になる／あと一歩が踏み出せない

20

審判

JUDGEMENT

審判の日が訪れて
人生の岐路となる
決断を迫られる

JUDGEMENT

　棺の船から身を乗り出した死者たちが、蘇りの瞬間を待ち受けています。大天使ガブリエルの「最後の審判」のラッパが吹き鳴らされ、待ち望んだ瞬間は目前に。また、死者は思い出や過ぎ去ったことなど、過去につながる出来事に結び付けられます。それらが記憶からよみがえり、再燃する時でもあります。

　審判のラッパが鳴るタイミングは天使が担うもので、そこに待ったはありません。心を決めて飛び込むか、思い悩んだままチャンスを棒に振るかというターニングポイントになります。迷いから解放されて、自らを解き放つことができるかどうか。復活の時は、決断の時でもあるのです。

正位置

全般
チャンスが訪れる／再挑戦の機会／人生のターニングポイントが訪れる／忘れていたことを思い出す／失ったものを取り戻す／本心をさらけ出す／ピンチからうまく抜け出す

恋愛結婚
運命を感じる相手と再会する／好きだった人から告白される／復縁する／思い出がよみがえる／結婚する決心がつく／関係を修復できる／自分の気持ちに正直になったほうが良い時

学業仕事
温めていたアイデアを活用できる／思い切って決断する／汚名返上のチャンス／つらいことから解放される／原点回帰して考える／思いがけず成績や成果が上がる／手応えを感じる

その他
なくした物が見つかる／勝負の時がやってくる／即断即決で良い流れに乗る／潔く受け入れる／心身の状態が回復する／開放感を得る／過去の関係を整理する／勘が冴える

逆位置

全般
チャンスをつかみ損ねる／いざという時に一歩踏み出せない／過去にとらわれる／誰も助けてくれない／すべてが手遅れになってしまう／目的が定まらない／先送りしてしまう

恋愛結婚
心残りがある／都合の悪い時に気持ちを打ち明けられる／残念な結果に終わる／決心がつかずチャンスを逃す／疎遠になる／以前の関係を整理しきれない／真剣になれない

学業仕事
努力が報われない／計画が流れる／台無しになる／どうしようもないと諦める／挫折する／重要なことを後回しにしてしまう／必要な時に限って思い出せない／希望を失う

その他
決断を遅らせる／準備不足でうまくいかない／タイミングが合わない／待ちぼうけを食う／勝負に出ても勝ち目がない／決着をつけられていない／病気が再発する恐れ

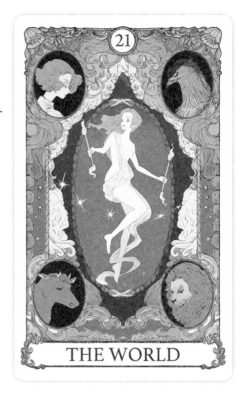

21 世界

THE WORLD

目標到達を喜び
祝福を受けながら
次なるステージへ

四隅のテトラモルフが、世界が完成したことを教えてくれます。一方で、中央に浮かぶ「宇宙卵」を飾る２つの無限マークと、その中で踊る両性具有のダンサーが、完成した世界には終わりがないことを意味しています。突きつめていけば、どこまでも続く「完成への道のり」です。

ダンサーが手にする２本のワンドは、異なるものがあることを意味します。それを自身の中で統合し、時間をかけて完全な世界を築き上げたのです。自らの努力で作り上げた世界は、１つのステージの締め括りになります。次に進むまでの準備期間であり、束の間の達成感を味わう時です。

正 位 置

全般
希望が叶い満足感を得る／最高の結果を手にする／羨望を集めるほどの幸福を味わう／最終段階へ移行する／自己肯定感が高まる／最盛期に至る／長い間積み重ねた努力が実る

恋愛結婚
出会った瞬間から恋に落ちる／意気投合する／結婚するタイミング／周りから祝福される／お互いに実りのある関係を築く／相手を信頼できる／長かった片思いが成就する

学業仕事
自分の居場所を見つける／うまくいって注目を集める／長期で取り組んだことが成功する／充足感を得る／完全燃焼する／新しいことへ目を向ける／新天地でもうまくいく

その他
ハッピーエンドを迎える／自分ならではの世界観をつくる／広い視野をもつ／周囲の状況や意見を受け入れる／多くの人がサポートしてくれる／内面を磨く時／長所を伸ばす／悟りを開く

逆 位 置

全般
完成できずに終わる／満足な結果を得られない／挫折してしまう／良くも悪くもない／メンタルが弱い／根性がない／スランプに陥る／派手な行動はしないほうが良い

恋愛結婚
進展がない／疎遠になる／関係がマンネリ化する／先が見えず不安になる／つき合いに限界を感じる／相手を信頼しきれない／結婚まで到達しない／婚約が破談になる

学業仕事
夢を叶えられない／スランプで失敗する／全力を出し切れない／行き当たりばったりになる／現状から逃げる／転校や転職をする／同じ間違いを繰り返す／やる気が低下する

その他
中途半端な状態で投げ出す／自分らしさを出せない／現状に甘んじる／気が抜ける／才能を生かしきれない／目標がはっきりしない／あと一歩の段階／疲れやすくなる

ペアにして解釈を深める
イレブンタロット

「22枚」のカードを「11組」として考えよう

大アルカナを一気に理解するのは一苦労かもしれません。22枚の中には、抽象的な概念や、聖書をもとにした聞きなれない言葉も含まれています。混乱するのは当然でしょう。

そこでおすすめしたいのが、大アルカナの2枚をセットにして、11のペアで考える「イレブンタロット」という方法。大アルカナの番号に注目してください。2枚の番号を足して「20」になる組み合せが、10ペア作ることができます。最後は例外で「10」と「21」の組み合わせとなりますが、これで計11のペアができます。

不思議なことに、この11ペアはそれぞれに相互関係があります。そこに隠れたストーリーを理解することで、22枚へのイメージが、各段に湧きやすくなるでしょう。

2枚の相互性を見つけ解釈を深める

イレブンタロットのわかりやすい例を見てみましょう。ペアになった2枚は、ストーリーがつながっています。例えば［4 皇帝］×［16 塔］。築き上げた塔を守ろうとする王に対して、壊れていく塔という対比になっています。次に［5 司祭］×［15 悪魔］。司祭は神に仕える存在ですが、対して悪魔は神に背く存在です。

占っている時に、イレブンタロットで対になる2枚が出た場合は、その2枚の関係につながりがあると考え、解釈を深めることができます。例えば、「周囲の気持ち」を示す位置と「現状」を示す位置でイレブンタロットの組み合わせが出ていたならば、周囲の気持ちが現在に強く影響していると読み深めることができるのです。

UNDECIDED 未定	×	DECISION 決定

0 愚者 **20 審判**

START スタート	×	GOAL ゴール

1 魔術師 **19 太陽**

曖昧なまま、自由気ままに現状を過ごしたい[愚者]。対する[審判]は、待ったなしの今という状況を表し、待ち望んだ瞬間を告げています。決定が下されたか、決断を迫られることを知らせているでしょう。

準備を整えた[魔術師]は、何かを始めようとしています。それに対して、すべての命を輝かせる[太陽]は、何かを育み、達成していく喜びを与えています。スタートとゴール、どちらも現在からつながっています。

CLEAR はっきり	×	HAZY ぼんやり

2 女教皇 **18 月**

RICH 豊かな女性	×	WISH 願う乙女

3 女帝 **17 星**

白と黒の柱の前に座る[女教皇]は、異なる2つがはっきりと二極化され、潔癖さまで漂います。対して、不安をあおるかのようにおぼろげに空に浮かぶ[月]は、曖昧さそのもの。明確さのない部分を対比します。

命を生み豊穣をもたらす[女帝]に対して、[星]は理想を追いかけ希望をふくらませる段階。どちらも美しさや魅力を放ちますが、満たされることで心が輝き、愛情や優しさ、希望があふれ出すと言えます。

BUILD 築く		DESTROY 破壊する

4 皇帝	16 塔

経験や実績、人間関係を築き上げた[皇帝]と、今あるものを破壊して、刷新に向かわせる[塔]。形の有無に関わらず、あるものはいずれ失われていきます。諸行無常。時の流れに欠かせない新陳代謝です。

MORALITY モラル		IMMORALITY インモラル

5 司祭	15 悪魔

モラルや理性などの精神性を説き、秩序を守る[司祭]と、誘惑をささやき、欲望のままに堕落へ導く[悪魔]。神に仕える者とあだなす者の、わかりやすい対比構造です。気持ちしだいで心のより所は変わると言えます。

FUN 楽しみ		INTEREST 興味

6 恋人	14 節制

エデンの園で夢心地になる[恋人]は、今この瞬間の心地よさを謳歌しています。相互理解のため議論を深める[節制]は、時間をかけた歩み寄りで気づきを得ていきます。人とのつき合いや関わり方の違いです。

CHALLENGE 挑戦		END 終結

7 戦車	13 死

戦いに向かう[戦車]と、終わりを示す[死]。何かに挑戦する（戦車）ことにより、訪れる結果（死）…という流れを読むことができます。目標に挑むことによる次のステージで、終止符が打たれるという解釈も。

ACTIVE 能動的	×	PASSIVE 受動的

8 力　　**12 吊られた男**

ライオンを抱きかかえる[力]と、逆さ吊りにされた[吊られた男]は、実はどちらも自由に動けない状態。けれど[力]は自らの行動で、[吊られた男]はすべてを受け入れることで、現状に適応しています。

IDEAL 理想	×	REALITY 現実

9 隠者　　**11 正義**

過去の栄光や思い出を照らして佇む[隠者]は、主観をもとに理想を追究しています。すべてを天秤にかけて、裁きの剣を振り下ろす[正義]は、客観的に現実を見ています。内的世界と現実世界の対比です。

PROCESS 過程	×	COMPLETION 完成

10 運命の輪　　**21 世界**

回っている運命の輪、それによる結果という因果関係のペアです。回転中の[運命の輪]は、勢いづく運命の流れであり、チャンスをもたらす状態。対して[世界]は、プロセスを経てひと区切り or 完成した状態。

共通点や関係性を考えてみよう

洋服

模様

メガネ

本の中に
答えがなかったら？

　タロット占いは、本の中からキーワードを見つけるだけで、何となく答えが出せるようになるでしょう。しかし、占いの回数を重ねていくうちに、本では答えが出せなくなっていくものです。そんな時の占い方をお教えします。

　タロットは心を映す鏡です。めくった瞬間の印象が答えになることもあります。例えば、不吉そうな悪魔のカードでも、「やっぱりね！」と笑ってしまう時もあれば、痛いところを突かれたと、ショックに感じることも。このような、カードを見た瞬間の気持ちを答えに反映させるのです。

　本にある答えは代表的な一例です。それをお手本にして、「こんな風にも読めるかも」と、発想を広げてアレンジしましょう。目についた色やカードを見て思い当たった事柄が答えになることもあります。

　本に頼らないこうした占い方が、本来のタロット占いの手法です。ぜひ、あなただけのタロット占いを見つけていってくださいね。

運命を導く
スプレッド

タロット占いの作法

カードにあいさつしましょう

　タロットカードを手にしたら、これから占いの相棒として共に歩んでくれるカードにあいさつする気持ちで向き合いましょう。まずは1枚1枚、すべてのカードに目を通してください。どんなイメージを受け取ることができるでしょうか。

　タロット占いにはいろいろな作法やルールがありますが、厳密に守らなければいけないものではありません。あなたなりのアレンジを加えて楽しみましょう。

場を整えてから占いましょう

　占いに集中しやすくなるように、カードを広げる場所をキレイに整えましょう。周囲に邪魔な物があると、気が散ってしまいます。テーブルの上を片づけ、汚れていないか確認してください。布や専用のタロットクロスを敷くと、カードのすべりがよくなり、汚れも防げるのでおすすめです。

タロットを清浄に保つために

定期的に行いたいケア

カードの両面を拭って汚れを落とし、乾拭きをして並べ、それを陰干しします。カードに付着した手の油などがとれることで、サラサラの状態になり、混ぜやすくなります。

占う前の儀式

占う前に、自分の気持ちを落ち着かせて、集中力を高めるための空間をつくりましょう。ここでは、その空間のつくりかたを紹介します。リラックスできる環境は人それぞれですので、ぜひあなたなりの方法を探してみてください。

✣ LUA's 儀式 ✣

儀式のアイデア
浄化と
パワーチャージ

　ペンデュラム（振り子）を使い、広げたカードの上で反時計回りに回しましょう。目には見えない汚れを宇宙へ飛ばすイメージです。次に、時計回りにすることで、カードに宇宙のパワーを取り入れます。新品のカードを使う前や、愛用しているカードの気をリセットするための特別な方法です。満月の光にひと晩当てることでもパワーチャージできますよ。

✣ 香り ✣

お香やセージを焚き、煙で浄化しましょう。フランキンセンス、ホワイトセージなど、浄化作用が高い香りを使ってみて。

✣ 音 ✣

静かな場所で安らげるような音楽を流して、気分を落ち着かせます。人混みや大声を出す人のそば、騒がしい場所は避けて。

✣ 光 ✣

照明は暗くして、テーブルの上にスポットライトを当てられるとベスト。火気厳禁の場所でなければ、キャンドルがおすすめ。

タロット占いの心構え

精神を集中させつつ ゆったりと構えて

リラックスしつつ集中しましょう。占う時に集中力は必須ですが、力みすぎると望みのカードを引き当てるゲームのようになってしまいます。どんな結果でも受け入れられるように、リラックスして向き合ってください。

過去にとらわれず 未来を見据えましょう

過去も未来もタロットで占うことができます。しかし、過去は未来をつくるための材料にすぎません。大切なのは未来なので、過去にとらわれすぎて、大事なことを見失わないように。過去を占う時は、特に注意しましょう。

真剣な態度で 向き合いましょう

落ち着いて占うために、楽な体勢で行って構いません。ただ、何かを食べながら引いたり、寝転がったまま占ったりと、リラックスしすぎてだらしない態度になるのはNG。カードへ敬意を払って、まじめに取り組みましょう。

明確な問いが 悩みを解決するカギ！

タロットは、自分の抱える悩みについて考えるきっかけや、問題解決の糸口を与えてくれるもの。答えを知るためには、質問は具体的かつ明確でなければいけません。今の自分が何を知りたいのか、占う前に明らかにしましょう。

リーディングの NG 3ヵ条

その1 同じ質問は繰り返さない

　同じ質問でタロットを引き直すことはタブーとされています。結果に納得できなくて占いをやり直したい場合は、質問の角度を変えてみましょう。同じ悩みであったとしても、質問のしかたが変わっていれば問題ありません。また、占う相手がいる場合は、その人の視点に立って質問を考え直してみると、新たな発見につながるでしょう。

その2 カードの意味を改変しない

　望んでいたカードが出れば御の字ですが、最悪に思えるカードが出た時に、その意味合いを都合よく変えてはいけません。つらくて悲しいカードでも、ダメなものはダメと読み解き、見たくない現実でも受け入れて。今は最悪な状態だったとしても、あなたの行動次第で変えられる未来です。結果を素直に受け止め、未来を切り拓くヒントにしましょう。

その3 誰かを占う時は先入観をもたない

　誰かを占う時は、まずは相手ときちんと向き合って、知りたいことを明確にします。なかには、何が知りたいのか自分でもはっきりと理解していない人も。会話しながら質問の意図をまとめましょう。リーディングの際は、カードから受け取ったことを素直に伝えるよう心がけて。あなたの価値観を押しつけることのないよう、伝え方には気を配りましょう。

ここで確認！ タロット占いの手順

STEP1 質問を決める

質問を考える時は、自分の実現したい願いを明確にすること。ケンカした恋人との関係を聞きたい時は「恋人と仲直りするにはどうしたらいい？」と聞いてみて。

STEP2 スプレッドを決める

スプレッドとは、決まった順にカードを並べていく展開法のことです。占うテーマによって適したスプレッドがあるので、質問の内容と用途に合わせて選びましょう。

STEP3 シャッフルする

カードを反時計回りにかき混ぜます。1枚1枚を浄化するイメージで、すべてのカードに手をふれましょう。思念や雑念を取り払い、カードをリセットするつもりで行って。

次に、これから質問することを思い浮かべながら、時計回りにカードをかき混ぜます。カードの中央にパワーを集めるイメージで、心が落ち着くまで行うといいでしょう。

STEP4 3つの束に分ける

1つの束にまとめたカードを、今度は3つに分けます。それを好きな順で1つにまとめ、カードの向きを決めましょう。

STEP5 カードを並べる

STEP2で決めたスプレッドで展開していきます。カードの束の一番上から1枚ずつ、順番にカードを並べていきます。

ワンオラクル

直感的に答えがわかる

　ワンオラクルは、シンプルかつもっとも基本的なスプレッド。ちょっとした悩みから深刻なものまで、幅広い質問に対して答えてくれます。占い方は、束の一番上のカードを1枚引くだけ。短時間で手軽にできることが、ワンオラクルの特徴であり強みです。1枚で占うワンオラクルでは、カードを読み易くするために、正位置と逆位置でキーワードの意味を変えないと、あらかじめ決めておくのもおすすめです。

〔 質問例 〕 **パッと浮かんだことが答え**

Q 今、あの人に連絡しても大丈夫?

戦車

「善は急げ」で、今すぐに連絡をしてみましょう。迷っていると、タイミングを失ったり、間が悪くなるかも。

**新たなヒントを得るために
1枚カードを引いてみて**

　リーディングをする中で、腑に落ちない占い結果が出たり、カードが伝えたいメッセージを読み取れなかったりすることがあるかもしれません。そんな時は、「ヒントをください」と質問してから1枚追加でカードを引きましょう。このカードをアドバイスカードと呼びます。

スリーカード

明確な答えを得やすい

過去	現在	近未来
原因	結果	助言
YES	保留	NO

　横並びになった3枚のカードを、「1つの流れ」と捉えて読むことができるスプレッド。全体的なイメージを把握できるので、幅広いジャンルの占いに適しています。

　質問したことの「現在」の状況や、「過去」がどうだったか、「近未来」がどうなるか、というようにストーリーをつなげて読むことができます。また、問題の「原因」を知り、「結果」を読み、「助言」によって具体的な行動を起こすためのヒントを得るのにも向いています。問題解決のためだけではなく、何か迷っていることに対して「YES」の場合と「NO」の場合、さらには「保留」の場合という選択肢ごとに結果を比べて読むのにもおすすめ。「朝、昼、夜」「上、中、下」などと応用も可能です。

　複数枚を扱うスプレッドの中で、もっとも使いやすく、慣れればほかの複雑なスプレッドも読みやすくなるでしょう。

カード全体の印象も大事に

Q 最近になってつき合い始めた人がいます。今のところはとても仲が良いけれど、長続きしますか？

①過去

運命の輪

②現在

正義

③近未来

魔術師

①過去の位置が[運命の輪]。初対面ですぐに意気投合できたのではないでしょうか。②現在の位置には[正義]。今はお互いに対等で良い関係のようです。③近未来は[魔術師]。2人の関係ではあなたが積極的になることで、長続きする恋愛になりそうですね。

Q 友人とケンカをしてしまいました。仲直りをしたいのですが、できるでしょうか？

①原因

節制（逆）

②結果
吊られた男

③助言

月

①原因の位置に[節制]の逆位置。お互いに譲り合わずにいたのでしょうか。②結果の位置には[吊られた男]。今はどうしたらいいかがわからず、何もできない様子。③助言には[月]が。今は少し距離を置いたほうがいいでしょう。このまま放っておくというのもいいのかもしれません。

Q 受験で目指す進学志望校がなかなか決まりません。親の意見に従うべきでしょうか？

①YES

女教皇（逆）

②保留

戦車（逆）

③NO

太陽（逆）

①YESの場合、視野が狭まるリスクがあることを[女教皇]の逆位置が暗示しています。一方、③NO場合は[太陽]の逆位置。中途半端な結果に終わるかもしれません。②保留に出た[戦車]の逆位置が、一度自分で進路を見直す必要があると示しているようです。

択一

選択肢を比較できる

選択肢 A

選択肢B

本人の態度

　複数の選択肢に悩んでいる時に、決断を助けてくれるスプレッド。それぞれの選択肢の内容をきちんと決めてから、カードを１枚ずつ、①から順に配置しましょう。

　出たカードをそれぞれ読み解き、結果を比較して、本人にとって最適だと思うほうを選択することができます。単純に「正位置だから良い選択肢」「逆位置だから悪い選択肢」と解釈するのはNG。正位置であれ逆位置であれ、カードは何かしらのメッセージをあなたに伝えようとしてくれています。それに向き合い、深くリーディングすることを心がけましょう。迷った際は、追加でカードを引いて、提示された選択に従うとどうなるのかということをさらに占ってもいいでしょう（次のページのアレンジ２）。

「本人の態度」を選択のヒントに

Q 今度の連休にどこかに遊びに行こうと思うのですが、
海と山のどちらの場所に行くといいでしょうか?

①選択肢A（海）

女帝

③本人
の態度

運命の輪

②選択肢B（山）

隠者

①選択肢A（海）を選んだ場合は[女帝]。ゆったりと充実の時間を過ごせそうです。②選択肢B（山）を選んだ場合は[隠者]。自分を見つめ直すなど、精神的な発見があるかも。③本人の態度に出た回転する[運命の輪]が示すように、直感的に惹かれるほうを選んでみても良さそうです。

アレンジ **1** 質問に合わせて
増やせる選択肢

選択肢
A　　　選択肢
B　　　選択肢
C　　　選択肢
D

本人の態度

選択肢は2つに限らず、占いたい選択の数だけ増やしても構いません。ただし占っている最中にどの選択がどのカードかわからなくなってしまわないように。メモをとっておくと◎。

アレンジ **2** 選んだ結果がどうなるか
さらに読んでみる

Aを
選んだ
結果　　　Bを
選んだ
結果

選択肢
A　　本人の態度　　選択肢
B

選択肢に合わせて結果のカードを1枚ずつ引きます。それぞれを選んだ結果を占うと、より比較しやすくなるでしょう。カードは予め展開しておいても、あとから追加しても構いません。

ケルト十字

本心を探り整理する

※②は正逆を取りません

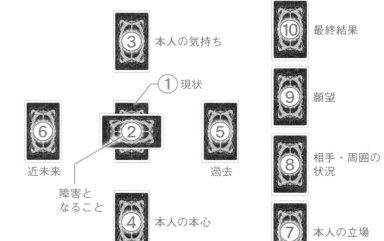

③ 本人の気持ち

⑩ 最終結果

① 現状

⑨ 願望

⑥ 近未来

②

⑤ 過去

⑧ 相手・周囲の状況

障害となること

④ 本人の本心

⑦ 本人の立場

　古くから伝わる定番のスプレッドです。未来の運勢や、悩みの解決策など、オールマイティーに占うことができます。

　ケルト十字の最大の特徴は、顕在意識となる「③本人の気持ち」のほかに、自分でも意識しにくい「④本人の本心」という潜在意識がわかることです。本人も気付かずにいた心の奥を見ることで、問題解決の糸口に近づくことができるでしょう。考えや気持ちが混乱していたり、なぜだかしっくりこないと感じる時に、心の中を整理できるスプレッドです。思い込みから解放されて、自らを省みたい時にも役立つでしょう。また、価値観の合わない人について占うと、その人がなぜそうしたのかがわかり、歩み寄りのヒントを得られます。

1枚ごとではなく、全体を見て

> Q 最近、小さなことにもイライラして、批判的な考えを
> してしまうんです……。どうしたら余裕がもてる？

③
本人の気持ち
正義

⑥
近未来
太陽(逆)

①
現状
星（逆）

②障害となること
女教皇

⑤
過去
隠者

④
本人の本心
皇帝(逆)

⑩
最終結果
吊られた男
(逆)

⑨
願望
節制

⑧
相手・周囲の
状況
悪魔（逆）

⑦
本人の立場
審判

　"イライラする"ということが、①現状、②障害となること、③本人の気持ち、④本人の本心に置かれた4枚のカードに顕著に表れています。①現状の[星]の逆位置からは、何をしても無駄な状況がうかがえ、②障害となることの[女教皇]からは、それでもきちんとしなくてはというプレッシャーがあることが読み解けます。[正義]が表すように、③本人の気持ちは表面的には冷静ですが、④本人の本心は穏やかではないことを[皇帝]の逆位置が告げています。⑤過去の[隠者]は[正義]とイレブンタロットの関係です。今まで穏やかにいられたのは、マイペースに過ごせていたからでしょう。人と関わるなら、つき合う人を選ぶと良いかもしれません。

　⑥近未来は[太陽]の逆位置が示すように、気分が晴れないままになりそう。⑦本人の立場は[審判]で、"今こそ変わらなくては"という思いが見て取れますが、⑧相手・周囲の状況に出た[悪魔]の逆位置から、周りには愚痴をこぼすようなネガティブな人がいるようです。⑨願望が[節制]であることからも、周りの人と有意義な関係を築きたいことがわかりますが、思うようにいかずにイライラが増すかもしれないと⑩最終結果の[吊られた男]の逆位置が暗示しています。

ヘキサグラム

関係性や相性を見る

相手の気持ち　①過去　本人の気持ち

⑤　　　⑥

⑦　最終結果

③　　　②

近未来　④助言　現在

　天に向く三角形と、地に向く三角形。天と地の調和に意味付けられる「六芒星」の配置です。問題解決に必要な内容が、とりわけシンプルに洗い出されるので、明確な答えが欲しい時におすすめです。特に人間関係を占うのに向いています。

　例えば、「自分と周囲の環境」「自分と相手」「自分と職場」といった二者の関係性や相性の悩みについて占うことができ、「⑦最終結果」のカードで問題がどのような方向へと進んでいくのかが示されます。

　複雑な形のため、慣れないうちは混乱してしまうかもしれません。上向きの三角形が時系列、下向きの三角形が二者の要素とアドバイスになっていると考えましょう。

Q ようやく内定が出ました。
しかし親はまだ就職先を決めるのは早いと反対。どうすれば？

① 過去
月

⑤ 相手の気持ち
節制（逆）

⑥ 本人の気持ち
戦車

⑦ 最終結果
隠者

③ 近未来
女帝（逆）

② 現在
塔

④ 助言
正義

　①過去には［月］、②現在には［塔］があります。ずっと就職が決まらずにいたところの思いがけない内定だったことがわかります。あなた自身も驚いていることでしょう。ですがこのままいくと③近未来は［女帝］の逆位置で、考えが甘かったと思うこともありそうです。⑤相手（両親）の気持ちは［節制］の逆位置から読み取れます。内定した会社や職種が気に入らないのか、それとも思っていた就職先と異なるのか、いずれにしても、あなたの意見に聞く耳を持たないでしょう。対して就職する気満々な⑥本人の気持ちを、［戦車］が物語っています。

　⑦最終結果の［隠者］は、④助言の［正義］とイレブンタロットの関係です。結果的には平行線をたどるか、思っていたよりも報酬や待遇面では恵まれず、やりがいを感じられる仕事かどうかが決め手になることを［隠者］が暗示しています。［正義］の助言に従って、あなた自身が仕事に求めていることや、仕事内容、勤務条件などをあわせて見直しつつ、両親と感情を抜きにして話してみてはいかがでしょうか。また、なぜ反対されているのかについても、両親に聞いてみると、あなたも納得できる答えやヒントを得られるかもしれませんよ。

ホースシュー　　問題の流れを整理する

 過去

 最終結果

 現在

 障害と
なること

 近未来

 助言

 相手・周囲の
状況

　U字のスプレッドは、馬の蹄（ホースシュー）に見立てられています。過去から近未来までの問題を分析し、アドバイスや障害、最終結果を教えてくれます。シンプルな並びなので、流れるように直感的なリーディングが可能です。時間の流れと共に問題点の整理ができるため、複雑な悩みを占うのにも適しています。カード全体が見やすく、知っておくべき最小限の項目で問題を整理して読み解けるので、初心者にもおすすめです。

　ホースシューを展開して「気になる1枚」があった場合、そのカードを中心に読んでみると、新たな解釈を得ることができるでしょう。時間と問題の推移を占えるスプレッドだからこそ、1枚を起点にすることで読解の幅を広げられます。

[質問例] **過去からの流れを整理して原因を探って**

Q **友人を好きになってしまいました。**
関係を壊したくないけれど、告白してもいいと思いますか？

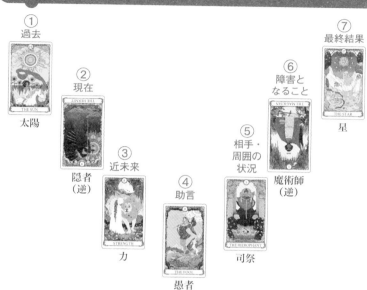

① 過去
太陽

② 現在
隠者
（逆）

③ 近未来
力

④ 助言
愚者

⑤ 相手・
周囲の
状況
司祭

⑥ 障害と
なること
魔術師
（逆）

⑦ 最終結果
星

　まったく心配のいらない2人でしょう。①過去の[太陽]と⑦最終結果の[星]を
見る限り、問題はないはず。[星]が意味するような希望に満ちた関係を築けるで
しょう。7枚中、逆位置は2枚だけです。自然な流れで進展するようです。
　②現在は[隠者]の逆位置ですが、それは[太陽]が示す出会った時の楽しい時間
を経て、恋が芽生えたことで悩みが生じ、"あの頃はよかったな"という気持ちが
表れているのでしょう。③近未来の[力]が、今の緊張感を乗り越えていけること
を示唆しています。[愚者]が示す④助言も、もっと気楽でいるほうがうまくいく
と告げています。冗談っぽく思いを伝えるなど、爽やかにライトな感じを目指し
てみるのもいいかもしれませんね。⑤相手・周囲の状況が[司祭]であることから
も、みんなが応援してくれる愛された2人であることがわかります。何も心配す
ることはないでしょう。[魔術師]の逆位置が表す⑥障害となることは、あなたに
不安や迷いがあり、いつも通りに振る舞えなくなっていること。ですが[魔術師]
は[太陽]とイレブンタロットの関係です。あの頃のように元気なあなたで接しま
しょう。

占いのタブー

　どんなことでも占える便利なタロット占いですが、あくまでも占いは、指針を得るためのツールであることを忘れないようにしましょう。結果にとらわれて信じ込んだり、頼り切ったりするものではないからです。

　どんなに悩んでいても、命に関わることは占ってはいけません。病気かどうか、何の病気か、治療法はなにかなどは、医師が診察し、判断をするものです。占いの答えで決めるものではありません。

　悪事に関わることも占わないようにしましょう。警察沙汰になるような事柄はもちろんですが、日常の小さな悪事も占わないことが1番です。占うことで、悪事の片棒を担ぐことになってしまいます。

　人の寿命も占わないことです。当たるかどうかではなく、それを知って生きることが不幸せを招いてしまう心配があるからです。質問を変えて、「○才まで元気に過ごすにはどうしたら？」など、これからが楽しみになることを占いましょう。明るい未来に向かうためのタロット占いです。

リーディングの
ヒント

リーディング
実例紹介

実際の鑑定をヒントにして
読み方のコツをつかむ

　ここまではタロットカード1枚1枚の意味や占い方など、基礎的な部分を解説してきました。しかし、いざ実際に占ってみようとしてもうまくリーディングができなかったり、どこに注目して読めばいいか、そもそもどこから読めばいいかわからず戸惑ったりすることもあるのではないでしょうか。

　次のページからは、本書にて紹介したスプレッドを用いた実際の占いとリーディングの例をそれぞれ紹介しています。

　リーディングの結果に正解はありません。まずは最初に気になったカードに注目しながら、全体を見渡して。すべてのカードを順番に読むことはやめましょう。気になるところから読み解けば、スムーズに解釈できるはず。どのように読むか、カードからどんなイメージをつかむかはあなたしだいです。

実占 ワンオラクル

直感的に答えがわかる

実例1

Aさん

> 恋人がなかなかできません。
> この先新しい出会いはある？

30代会社員のAさん。友達の結婚が相次ぎ、恋人ができない自分に不安を抱えています。

隠者（逆）

Reading ≫ 恋の行く末をカードの向きと人物で判断

[隠者]の逆位置が出ました。今後の出会いと言いながら、恋愛への意欲を失い、諦めているところがありそうです。このまいくと、交際に発展する出会いは見込めないでしょう。過去を見つめる[隠者]の逆位置は、過ぎ去った恋に思いを残していたり、恋に恋する状態なども示唆します。忘れられない相手がいて、新しい恋に進むことができないか、恋に夢を抱きすぎて、出会った相手を現実的に受け止められない可能性も。恋を夢見て待つのではなく、自発的に動く必要がありそうです。

❦ 結論 ❦

望むような新しい出会いの可能性は低そう。出会った相手に高望みしすぎたり、未練がある相手がいて新しく踏み出せなかったりしそうです。恋人が欲しいのなら、理想の相手が現れるのを待つのではなく、自ら探しに出かけましょう。

実例2

Bさん
転職先が決定。
新しい職場に
なじめるでしょうか？

今度転職するBさん。
見知らぬ場所で、新たに
人間関係を築いていける
か心配なようです。

節制

アドバイスカード

魔術師（逆）

Reading ≫ **アドバイスカードで起こすべき行動を読む**

　お互いを知ることで仲間入りできることを、［節制］が示して
います。会話を楽しみましょう。自分の主張ばかりせずに、聞
き手となって相手の理解に努めることも重要です。そのために
必要な行動を**アドバイスカード**で占うと、出たのは［魔術師］の
逆位置。恐れずに職場の人たちと関わってみましょう。最初は
アウェーに感じても、Bさんが自分からコミュニケーションを
取っていくことで、交友関係を広げていけそうです。

※　結　論　※

　Bさんは新しい職場にうまくなじめるでしょう。仲間の一
員になって関わることで、良い関係を築いていけそうです。た
だ、［魔術師］の逆位置が示すように、遠慮してしまうとBさ
んの良さが生かせないため自信をもってください。

スリーカード

実占

明確な答えを得やすい

実例1

Cさん

子どもの成績が上がらず
心配です……。この先、
伸ばすことはできますか？

主婦のCさん。最近、子ども
を塾に通わせ始めたものの、学
力が伸び悩み、このままで成績
は上がるのかと不安な様子です。

①過去　　　　　②現在　　　　　③近未来

 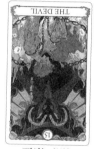 

力（逆）　　　　悪魔（逆）　　　　戦車

Reading ≫ 現在と近未来に注目を

　②現在、Cさんのお子さんは［悪魔］の逆位置が示す状況にあ
ります。これは現状を改善しようとする動きがあることを意味
しています。お子さんは今ちょうど、成績を上げようと奮闘し、
試行錯誤をしているのかもしれません。突破口を探している最
中なのでしょう。現在は過渡期と捉えたほうが良さそうです。

　①過去には［力］の逆位置が。今までは、勉強するためのやる
気も気力もあまり湧かなかったようです。ひょっとしたらどこ
かで行きづまりを感じて、解決方法がわからずに心がくすぶっ
ていたのかもしれません。

塾に通い出したことで、行きづまりを解消するためのヒントが見えたのでしょうか。③近未来には[戦車]が出ています。これは「目標に向けて突き進む」暗示です。このまま行けば、順調に良い流れに乗ることができそうです。成績も段々と上がっていくでしょう。[悪魔]の逆位置と合わせて考えても、良い兆候と言えます。自信がもてるように、勇気づけてあげましょう。

❄ 結 論 ❄

今、お子さんは頑張っている途中のようです。なかなか目に見える結果が出ないため、親として心配な気持ちはあるでしょうが、ゆったりと見守ってあげると良いでしょう。困っていそうな時に、Cさんがきちんと支えてあげることが大事です。

実例2

Dさん

予想外の出費が重なり貯蓄できません。どうすれば出費が減りますか？

将来のために貯蓄したいDさん。マネープランを考えてはみたものの思うようにいかず、ついに支払いがピンチ状態のようです。

①原因

愚者（逆）

②結果

月

③助言

正義

①原因と②結果のカードは、お金に対する曖昧な態度があることを示しています。まずは、原因を示す[愚者]の逆位置から読みましょう。

Dさんはこれまで、貯蓄についてしっかりと意識することがなかったのではないでしょうか？ その場の気分でお金を使っていたのかもしれません。今回、懐がさびしくなっていくことに気付いて、何となく不安を覚え、"貯めないといけない"という危機感が湧き上がってきた可能性もあります。

予定外の出費が続いた結果が[月]によって示されています。しかし、その危機感も、まだ漠然としたものに過ぎません。このまま意識を改善しなければ、今後もお金は貯まらないでしょう。③助言の位置に出た[正義]に従って、現実を見直してください。

まずは出費を抑えることが重要です。今までのお金の使い方、無駄遣いの傾向を、不必要な固定費なども含めて確認して。出費を振り返って無駄を省けば、お金は自然に貯まるでしょう。どうすれば確実に貯蓄できるか情報を集めて、対策を立てることも必要です。[愚者]のようなお金への無頓着さを改めて、[正義]のようにドライにお金に向き合っていくことが求められています。

❀ **結　論** ❀

「ただ何となく」という漠然とした意識では、現状は変えられません。今回、自分のお金の使い方に危機感を覚えたのは、今後のことをしっかりと考えるためのチャンス。まずは自分の出費の傾向を知るところから始めてみて。

択一

選択肢を比較できる

Eさん

**仕事の依頼が2つ重なり、
スケジュール的に片方しか選べません。
どちらを選ぶべき？**

フリーランスのEさん。ずっとやりたかった
憧れのA社の仕事と、恩のある知人から紹介さ
れたB社の仕事。2つで迷っているようです。

①
選択肢A（A社）

女帝

②
選択肢B（B社）

吊られた男

③
本人の態度

司祭

アドバイスカード

世界

③本人の態度の位置に［司祭］が出ています。Eさんは周囲と良い関係を築きながら、まじめに働いているようです。今回の仕事では、精神的に満足するほうを選びたいのではないでしょうか。

２つの仕事の印象はまるで異なります。もしも、EさんがA社の依頼を受けた場合（①選択肢A）は［女帝］。思った以上に高い報酬が期待でき、華やかな実績も手にできるでしょう。誠実に業務をこなしていくことで、相手の希望にも応えられそうです。

一方で、B社の依頼を受けた場合（②選択肢B）は［吊られた男］。相手の要求が高く、何度も修正することになるなど、思い通りにいかないようです。ハングリー精神があれば乗り越えられるでしょうが、その分忙しくなります。努力に見合った対価が得られない可能性もあります。仕事を紹介してくれた知人の顔をつぶさないよう、気を配らなければならない心配もあるでしょう。

アドバイスカードを引いてみると、［世界］が出ました。Eさんが、自分らしく働けると感じる仕事を選んだほうがよさそう。達成感を得られて、精神的に満足できる結果をつかむことができるはずです。

❋ 結 論 ❋

どちらを選んでもあなたはやり遂げられそうです。ポイントは、今自分が仕事に出せるエネルギーはどれくらいかということ。そこに注目して考えれば、やりがいを優先するか、報酬を優先するか、自ずと答えは出るでしょう。

実例2

Fさん

親戚の子の誕生日プレゼントに
何を買ってあげるか迷っています。

久しぶりに会う親戚の誕生祝いで悩むFさん。
何か物を買ってあげるか、もしくは商品券にす
るかを決めかねているよう。

④
Aを選んだ結果

太陽
（逆）

⑤
Bを選んだ結果

吊られた男
（逆）

①
選択肢A
（物）

隠者
（逆）

③
本人の態度

月

②
選択肢B
（商品券）

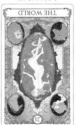

世界
（逆）

物を買ってあげるか（①選択肢A）、商品券にするか（②選択肢B）の２択で占います。ＡとＢの選択肢には、それぞれに逆位置のカードが並びました。どちらのプレゼントも、喜んでもらうのは難しそうです。

③本人の態度の位置に［月］が出ていることから、Ｆさんは久しぶりに会うということで、親戚の子が欲しい物が把握できていないのでしょう。その小さな不安が２つの選択の結果に出ています。

①物を買ってあげる場合は［隠者］の逆位置。親戚の子どもからすると時代遅れ、あるいは、昔は興味があったが今は興味がない物をもらった、と感じるようです。④物を買うことを選んだ結果には［太陽］の逆位置が出ました。親戚の子どもの好みをはっきりと知らないせいで、せっかくその子のことを考えてプレゼントを選んだつもりでも、結果的に裏目に出てしまったり、思ったような反応が得られなかったりといった可能性があります。

②商品券をあげる場合は［世界］の逆位置。無難で当たり障りのない選択です。しかし⑤商品券をあげることを選んだ結果は、［吊られた男］の逆位置。もらった側は求めていたものではないと感じてしまうかもしれませんね。

❦ 結 論 ❦

残念ながら、どちらも喜んでもらえる贈り物ではないようです。本人が欲しい物を、直接聞いてみるか、一緒に選びに行くのも良いかもしれません。いくつかピックアップして、再度、択一で占うと、ベストな物が見つかる可能性も。

ケルト十字

本心を探り整理する

実例1

Gさん

交際相手から別れ話を
切り出されました。
どうしてこんなことに？

1年間交際をした相手から別れ
話を持ち出されてしまったGさん。
自分の何が悪かったのかわからず、
深く落ち込んでいます。

③
本人の気持ち

司祭

① 現状
吊られた男（逆）

⑩
最終結果

節制

TEMPERANCE

⑥ 近未来

悪魔（逆）

② 障害となること
女帝

⑤ 過去

戦車

死

⑨
願望

DEATH

⑧
相手・周囲の
状況

愚者

THE FOOL

④
本人の本心

運命の輪（逆）

隠者（逆）

⑦
本人の立場

Reading » 「イレブンタロット」の関係になっているカードにも焦点を

　①現状は[吊られた男]の逆位置。もどかしく不安な気持ちが表れています。そして⑦Gさんの立場は[隠者]の逆位置。変わることができず、困惑し立ち止まっている様子です。それでも[司祭]が示すように③Gさんの気持ちは穏便な解決を望んでいて、⑨願望の[死]も区切りをつける覚悟を示しているよう。

　ただ、その②障害となることを示しているのが[女帝]。これまで相手に尽くしてきたのでしょうか。まだ相手への愛情が残っているようで、願望とは裏腹に相手を諦めきれないのかもしれません。それが[運命の輪]の逆位置として④Gさんの本心に出ています。

　⑤過去を示すのは[戦車]。トントン拍子に発展した2人の関係は、いつしか失速して現状に至ったのでしょう。⑨願望の位置に出た[死]とはイレブンタロットの関係で、恋の始まりと終わりを示唆しています。

　⑥近未来の[悪魔]の逆位置が意味するのは、惰性的な関係からの脱却。そして⑧交際相手の状況は、現状から飛び立とうとしている[愚者]。どちらが悪いということはなく、自然な流れで起きた破局と考えましょう。⑩最終結果は[節制]で、お互いへの理解が進み、良い形での最後を迎えられそう。別れた後は、良き友人になれる可能性もあります。

❀　結　論　❀

　一時は燃え上がった恋の炎ですが、勢いだけが先行してしまい、燃え続けられずに別れ話がもち上がったのでしょう。最終的にはお互いに納得し、それぞれが良い落としどころを見つけ、新しい道へ旅立てるはずです。

実例2

Hさん

友人のわがままにうんざりしていますが、関係を切りたいと言えません。

友人のわがままに疲れてしまったHさん。昔からの関係ということもあり、縁を切る勇気が出ず、どうすればいいか考えあぐねています。

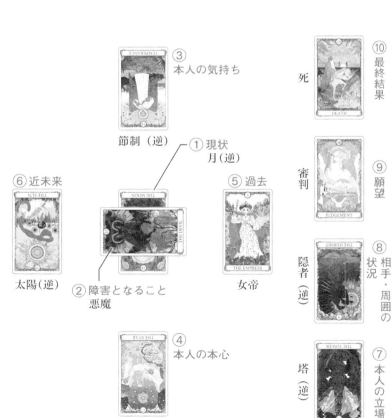

③ 本人の気持ち
節制（逆）

① 現状
月（逆）

⑥ 近未来
太陽（逆）

② 障害となること
悪魔

⑤ 過去
女帝

④ 本人の本心
星（逆）

⑩ 最終結果
死

⑨ 願望
審判

⑧ 相手・周囲の状況
隠者（逆）

⑦ 本人の立場
塔（逆）

⑩最終結果は[死]。関係の終わりを表しています。そして①現状の[月]の逆位置は、Ｈさんの中に疑問や不満が芽生えたことの暗示です。⑤過去が[女帝]ということは、以前から友人のわがままを受け入れていたのでしょう。

④Ｈさんの本心は[星]の逆位置で、これは友人への諦めの気持ちが現れているのでしょう。[女帝]と[星]はイレブンタロットの関係で、長年友人のわがままを受け入れてきた結果、つき合いきれなくなり、むなしさを抱えるようになったことがうかがえます。しかし②障害となることに出た[悪魔]が示すように、後ろめたさが邪魔してなかなか関係を切れないのでしょう。ですが③Ｈさんの気持ちを示す[節制]の逆位置から、Ｈさんは相手を受け止められずにいっぱいいっぱいになっている自分を自覚しているはずです。

[太陽]の逆位置が⑥近未来にあるのは、Ｈさんが友人といても素直に楽しめなくなることを示します。友人もそれを感じ取っているのでしょうか。[隠者]の逆位置から⑧友人の状況をみるに、Ｈさんとの時間を楽しめていないようです。

[審判]が表すのは、関係にけじめをつけたいという⑨願望。⑦Ｈさんの立場の[塔]の逆位置からもわかる通り、今のＨさんは、心が友人から少しずつ離れているのでしょう。

❀ 結 論 ❀

昔からの仲というだけあって、関係をやめることに後ろめたさはあるでしょう。しかし今、不満を自覚できたことは、自分の意志が表立ってきたことの表れ。今後は自分に素直になることで、自然と腐れ縁は断ち切られていくでしょう。

実占 ヘキサグラム

関係性や相性を見る

実例1

I さん

上司との関係が芳しく
ありません。どうすれば
良い関係になれますか？

新卒で就職した I さん。初めて
の会社で上司とうまく噛み合わず、
どうすればいいかわからなくなっ
てしまいました。

① 過去

星

⑤ 相手の気持ち

魔術師（逆）

⑥ 本人の気持ち

女教皇（逆）

⑦ 最終結果

隠者

③ 近未来

運命の輪

② 現在

正義

④ 助言

皇帝

②現在の位置に[正義]が出ています。現実を直視して、努力する必要がある状況のようです。⑤上司の気持ちは[魔術師]の逆位置。今は目の前の仕事で頭がいっぱいのようで、他人のことまで気が配れない様子。すれ違いが起きてしまっているのはそのせいかもしれません。⑥Iさんの気持ちは[女教皇]の逆位置。上司との関係がうまくいかずに焦り、不安な思いを抱えています。

上司とうまくいかない原因は、①過去の[星]が物語っているよう。入社した時、Iさんも上司もお互いに期待をしていたのでしょう。ですが、その思いが満たされなかったことが、現状のギャップを生んでいるようです。しかし、③近未来を示すのは[運命の輪]。車輪が回転することで運も好転していき、どんどん物事がうまく回り始めるでしょう。

それを確実にするためには、④助言の[皇帝]が示すように、実力をつける必要がありそう。努力して自信をもてるようになれば、うまく上司を支えることができるはず。今はIさんが一人前になるための過渡期なのです。

⑦最終結果の位置に出た[隠者]からは、今後、仕事の状況も落ち着いて、上司との関係が穏やかに変化していくことが読み取れます。

❄ 結 論 ❄

将来的に上司と良好な関係を作るためには、努力することが必要なようです。今はコツコツと自分の力を磨き、ベストを尽くす時。地道な作業ですが、それが上司からの信頼を少しずつ得ることにもつながるでしょう。

実例2

Jさん

SNSのフォロワーを増やすために、
アドバイスが欲しいです。

半年前にSNSを始めたJさん。しかし、投稿
を続けてもフォロワー数が思ったように伸びず、
モヤモヤしているそうです。

①過去

世界(逆)

⑤相手の気持ち

運命の輪(逆)

⑥本人の気持ち

太陽(逆)

⑦最終結果

愚者

③近未来

女教皇

②現在

恋人

④助言

塔

④助言の位置の[塔]に注目を。これは、Ｊさんが目標を達成するためには、今までと大きく方針を変える必要があるという意味があります。

②現在に出た[恋人]からＪさんがSNSを楽しんでいる様子がわかりますが、⑤SNSユーザーの気持ちは[運命の輪]の逆位置。今のままでは新たなフォロワーを得るのは難しいという暗示でしょう。

[世界]の逆位置は、気軽な気持ちでSNSを始めた①過去のことを示しています。方向性やビジョンが定まっていないことがうかがえます。[運命の輪]とはイレブンタロットで相互関係を示すペアですから、過去を振り返り、現状を省みる必要がありそうです。そして⑥Ｊさんの気持ちに出た[太陽]の逆位置が示しているように、Ｊさん自身もまだ本腰を入れていないのでしょう。

③近未来には[女教皇]が出ているので、今後明確な目標を見つけられそうです。⑦最終結果には[愚者]。今とは違う方向へ進んでいくことになるかもしれません。アカウントを作り直したり、プラットフォームを変えたりする可能性も。いずれにしても、チャンスをつかむためには、一度SNSのやり方を見直してみるといいのではないでしょうか。

❋ 結 論 ❋

ＪさんがSNSのフォロワーを増やすには、今のやり方を工夫するより、根本から変えてゆく必要があります。しかし、楽しかったものが苦痛に変わってはいけませんから、そのことも忘れずに新しいやり方を考えていきましょう。

実占 ホースシュー

問題の流れを整理する

実例1

Kさん

新しく犬を迎え入れたいのですが、
家族は反対のようです。どうすれば？

ペットショップにいた犬に一目惚れしたKさん。しかし先住犬がいることもあり、飼うことを家族に反対されています。

① 過去

THE HERMIT
隠者

② 現在

THE WORLD
世界

③ 近未来

THE EMPEROR
皇帝（逆）

④ 助言

TEMPERANCE
節制

⑤ 相手・周囲の状況

JUSTICE
正義

⑥ 障害となること

THE HANGED MAN
吊られた男（逆）

⑦ 最終結果

THE MOON
月

Reading » 障害を示すカードから問題点をあぶり出す

①過去に出たのは[隠者]です。先住犬との穏やかな暮らしを示しています。そして[世界]の正位置から、②現在もKさんが先住犬との暮らしに十分な幸せを感じていることがわかります。

ですが③近未来に[皇帝]の逆位置。Kさんの覚悟の甘さや、犬が増えることで十分に面倒を見られなくなる可能性を家族に指摘されそうです。Kさん自身も、現実的には難しいということにうすうす気付いているのではないでしょうか。[節制]は④助言として、結論を出す前に話し合いが必要であることを暗示しています。

⑤家族の状況は[正義]が示唆しています。飼育環境や費用について、シビアに考えているようです。そして[吊られた男]の逆位置が示す一番の⑥障害となることは、反対する家族ではなく、自分のことしか考えていないあなた自身なのではないでしょうか?

⑦最終結果は[月]。④助言の[節制]と⑥障害となることの[吊られた男]の逆位置を踏まえると、時間を経るごとに、新しい犬を迎えたいというあなたの意志に迷いが生じてきそう。あなたと家族、そして家族の一員である愛犬の幸せのために、もう一度よく考えてみましょう。

❀ 結 論 ❀

ペットは大切な家族です。軽い気持ちで飼ったことで可哀相な状況を招かぬように、協力してくれる家族との連携が欠かせません。どうして反対されるのかも確認し、しっかり話し合って決めていくことが望ましいでしょう。

Lさん

**自分に自信がもてません。
どうすれば自分を変えられますか？**

Lさんは弱気な自分を変えたいようですが、
なかなか一歩を踏み出せずに、悩みを抱えてい
るようです。

①過去

吊られた男

②現在

司祭

③近未来

塔

④助言

太陽

⑤相手・周囲の
状況

悪魔

⑥障害と
なること

運命の輪（逆）

⑦最終結果

星

Reading >> **助言のカードで明るい未来へ向かう手がかりを**

①過去の位置には[吊られた男]。これまでのＬさんは他者に対して委縮しがちだったのでしょう。そして、Ｌさんがそんな自分を変えたいと思っていることは②現在に出た[司祭]にも表れています。ただ⑤周囲の状況の[悪魔]を見ると、Ｌさんのキャラクターは固定化されている様子。

[司祭]と[悪魔]はイレブンタロットのペアで、変わりたいＬさん自身と、Ｌさんの変化を望まない周囲との関係が対象的です。ですが④助言の[太陽]も示す通り、そんな周りの意向など気にせずに自分らしくいることが、変化へのカギとなるでしょう。

⑥障害となることとして[運命の輪]の逆位置が出ました。今はいざ変わろうとしても、うまくいかず空回りしているのかもしれません。ただ、⑦最終結果は[星]。将来の見通しは明るいようです。

③近未来の位置の[塔]は、Ｌさんに変化を促すような出来事が起き、一気に状況が変化することを暗示しています。この[塔]は希望あふれる[星]につながる予兆で、変身願望を叶えるきっかけとなりそう。明るい未来が見えていますから、自分にとってプラスとなる経験を積み重ねて、どんどんステキに輝きましょう。

❀ 結 論 ❀

自分を変えたいと意気込みがちになりますが、違う誰かのようになることではなく、本来の自分になることが大切です。自信はあとからついてきますし、自信満々になる必要もありません。太陽のような笑顔で過ごしていきましょう。

LUAのリアル鑑定

LUAが実際に３人の相談者を鑑定した様子をお届け！
プロの技をぜひリーディングの参考にしてください。

1人目の相談者 ▶▶ Aさん／25歳

長年つき合っていた人と別れてしまいました。
今後、結婚できるか知りたいです。

Aさん　少し未練はありますが、未来がわかればうれしいです。

LUA　新しい出会いがあれば、意外とすぐ吹っ切れたりしますよね。では、可能性も含めて、Aさんの恋愛をヘキサグラムで占ってみましょう。

〈ヘキサグラム〉

① 過去
太陽（逆）

⑥ 本人の
気持ち
吊られた男

⑤ 相手の
気持ち
愚者（逆）

⑦ 最終
結果

月

③ 近未来
死（逆）

② 現在
正義（逆）

④ 助言
司祭

⑥**本人の気持ち**の位置に、[吊られた男]。現在のAさんは、恋愛に対して踏みとどまっている感じがありますね。今後良い人が現れても、すぐに進展するかは微妙。①**過去**を見てみると、[太陽]の逆位置。完全燃焼できずに終わった状況が出ています。楽しいけれど、意見が食い違うことも多い相手だったようですね。

③**近未来**が[死]の逆位置であることからも、Aさんはまだ別れを割り切れていないのかも。別れるほどのことだったのか、疑問に感じているのではないですか？

　はい。いきなり別れを切り出されて、納得できないまま終わってしまいました。

④**助言**の位置には[司祭]が出ています。うーん、これは「しっかり話さないと解決できない」というメッセージ。もし元カレと復縁したいなら、お互いに相手への理解を深めなければいけません。

⑦**最終結果**に出ているのも[月]で、はっきりしませんね。月にはロマンティックなイメージがあるので、再会という可能性もありますが、改めて結ばれるようなホットな雰囲気はなさそうです。よりを戻しても、曖昧な関係になってしまうかも。

元カレは……ちょっと自由な人ですか？　⑤**相手の気持ち**が[愚者]の逆位置で、これは元カレのことですね。自分は自由が好きなのに、相手が自由にしているのは許せず、つき合いが長くなるほど「わかってくれるだろう」と相手に甘えが出るタイプが思い浮かびます。

　……まさにそんな人です！

もしAさんから元カレに連絡したらどうなるかを見ましょう。気になるカードを1枚引いてください。

アドバイス
カード

恋人

心が通い合う[恋人]が出
たので、別れた気まずさ
を感じずに楽しく話せそ
う。

THE LOVERS

あら、普通に会話が弾みそう。今すぐ連絡しても大丈夫そうですが、相手が[愚者]の逆位置と考えると、楽しく約束したのに直前にキャンセルしてくることもあり得ますね。態度が悪い気がします。はっきり言うと復縁できそうですが、相手のペースだと⑦最終結果［月］のようにモヤモヤすると思います。

言うべきことは言ったほうがいいですね。というのも④助言の[司祭]が気になるから。結婚っぽい雰囲気があるのに、アドバイスとして考えると「話し合いなさい」という意味が強いですね。よりは戻せそうなので、うやむやなまま別れたことが気になるなら復縁に向けてちゃんと話をすること。

元カレと復縁した場合、未来がどうなるかわかりますか？　結婚したいなら別の人を探したほうがいいのでしょうか。

では、元カレと新しく出会う人を択一で占ってみましょう。

④
Aを選んだ
結果
吊られた男
（逆）

〈択一〉

⑤
Bを選んだ
結果
正義（逆）

③
本人
の態度

①選択肢A
（元カレ）
審判

②選択肢B
（新しく出会う人）
女帝

THE EMPRESS

JUDGEMENT

STRENGTH

力

どちらも恋愛は「アリ」ですが、結婚には微妙かも。①元カレは[審判]で復縁の可能性を感じますが、[吊られた男]の逆位置からみても、まだ結婚の考えがない様子。②新しく出会う人は[女帝]なので、落ち着いた人ですね。ただ、結婚する場合は[正義]の逆位置です。厳しいことを言われて、不満を感じそう。あるいは優しすぎて物足りず、あなたが満足できないのかも。Aさん自身は③本人の態度が[力]なので、相手を転がさないといけないですね。元カレを転がせられれば、ひょっとすると結婚もゼロではないかも。

 Aさん 早く結婚したい場合は、どうしたらいいですか?

 LUA

アドバイス
カード
———
隠者

同世代の場合、すぐに結婚という雰囲気にはならないかも。

[隠者]ほど老人ではないにしても、年上なら、すぐに結婚できそうですよ。急ぎたいならAさんより年上が良さそうです。

Aさん 年上には抵抗があります……。そこまで急がなくて良いです。

 LUA では「Aさんの結婚相手にふさわしいタイプ」を占いましょうか。

アドバイス
カード
———
魔術師

強い信念をもつ[魔術師]のカード。信念をもって行動する気骨のある人なら、年齢は問わないはず。

Aさんにふさわしい結婚相手は[魔術師]。しっかりとした意志があり、リードしてくれる人を探すと、素敵な結婚ができそうですよ。

2人目の相談者 ▶▶ Bさん／34歳

経営しているエステサロンの
お客さんを増やすにはどうしたらいいですか？

Bさん　痩身エステを個人で経営しています。中でも、ウェディングドレスを着る前にヤセたいという方のお手伝いをすることが楽しく、ブライダルエステの新規客を増やすにはどうしたらいいか知りたいです。

LUA　まず、現状を確認するためにヘキサグラムで占ってみましょう。

〈ヘキサグラム〉

⑤ 相手の気持ち
隠者

① 過去
悪魔

⑥ 本人の気持ち
女教皇

⑦ 最終結果
死

③ 近未来
吊られた男(逆)

② 現在
太陽

④ 助言
司祭

LUA　［吊られた男］以外、正位置なのがすごいですね。⑥本人の気持ちに［女教皇］が出ているので、Bさんは、エステティックサロンの知識をしっかりもっていて、自分なりのポリシーで仕事に取り組んでいるよ

うですね。②現在の位置には[太陽]。今現在、Bさんが元気な様子と、お店が良い雰囲気で回っているということがわかります。

①過去に[悪魔]が出ていますね。もしかして、経営がうまくいくかどうかという不安もあったのでは？　体の具合があまり良くなかったのに、必死でここまでやってきたという感じがします。

Bさん　体調面はまさにその通りです。少し前、体に限界がきて、耳も聞こえにくくなっていました……。でも、すべて1人でやっているので、なかなか休めなかったんです。お店を休んだらお客さんが離れてしまう不安もあったし、自分も仕事が好きで楽しいから働きたくて。

LUA　今は[太陽]のカードらしく、元気になって、モチベーションも高く、良い方向へ進んでいますね。ただし、⑦最終結果に[死]が出ているので、体には本当に気をつけてください。体の優先順位を下げると、事業を広げる時にも動きにくくなってしまいます。

③近未来に、もどかしい展開を暗示する[吊られた男]の逆位置がありますね。体が悲鳴を上げている状態で新しいことを始めてしまうと、チャンスがやってきたとしても疲れる一方ですよ。Bさんの仕事は相手を癒やすことが重要なので、それにはまず自分が癒やされた状態でいることが大事です。

Bさんのお客さんを示す⑤相手の気持ちに出た[隠者]から、落ち着いた印象が伝わりますが、もしかして年齢層は高いですか？

Bさん　40代、50代が常連さんです。

LUA　自分より年齢の高い客層で、経営がうまくいっているということは、Bさんが礼儀正しくて、高い技術をもっているからなのでしょうね。④助言には、信頼関係を示す[司祭]が出ています。ブライダルエステのお客さんを増やしたいと言っていましたが、常連さんを大事にすると、その常連さんが周囲で結婚式の予定がある人にブライダルエステを紹介してくれるかもしれませんよ。

Bさん　あとは、2時間と3時間のコースがあるのですが、新規の方にはどちらをすすめたらいいかも悩んでいます。3時間コースのほうが高いので、お金儲けのために提案していると思われてしまいそうで……。

LUA　どちらも施術を受ける側は満足度が高いでしょうが、Bさんは疲れそうですね。択一で占ってみましょうか。

〈択一〉

① 選択肢A
（2時間コース）

皇帝

③
本人の態度

女教皇

② 選択肢B
（3時間コース）

節制（逆）

LUA　Bさんを示す③本人の態度がまた［女教皇］ですね。Bさんの仕事に対する姿勢が一貫してきちんとしている証拠ですね。①2時間コースは、安定を感じる［皇帝］のカード。2時間を定番コースにすると良いでしょう。②3時間コースは［節制］の逆位置。時間もコストもかかるので、ハードルが高いようです。もしかしたら、さらに短い1時間コースのほうが、新規客を獲得しやすいかも。

アドバイス
カード

吊られた男

視点を変えて考えることがポイントのよう。時間があまり取れない人に向けて、部分的な集中ケアを提案してみるとうまくいきそう。

LUA　アドバイスカードを引いたら［吊られた男］ですね。1時間コースはそこまで良くないかな……。2時間コースが一番良いですね。［吊られ

た男]の絵は、頭の周りが光っていますし、ヘッドスパも良いかも。

 Bさん 髪を濡らさずにマッサージするヘッドスパのコースならあるんですが、自分だったら最後にシャンプーで洗ってほしくなるので、お客さんにシャワーを貸すサービスも必要かなと思っていました。

アドバイス
カード
━━━━
女帝

 十分に満足いく結果になりそう。ヘッドスパ後のシャンプーで、きれいになる人のイメージも感じられます。

LUA 洗うサービスはどうかを引いたら[女帝]だったので、シャンプーは良いと思いますよ。カードの絵もサロンの椅子に座っているみたい。

Bさん いろいろなコースを考えてみます。これまで高額な3時間コースをメインにしていたのですが、価格も下げたほうがいいですか?

LUA では最後に価格設定について占いましょう。下げるか上げるか。

アドバイス
カード
━━━━
節制

 バランスの取れた[節制]のカード。現状のままで問題なさそう。適正価格なのでしょう。

LUA 高いかもしれませんが、見合っているようなので問題ないでしょう。今回の結果は全体的にイラストがきれいなカードが多くて、エステのような雰囲気ですね。Bさん自身を表すカードとして2回も出た[女教皇]なんて、ウェディングドレスに見えます。始めに引いた[死][隠者]も、ヴェール姿の花嫁に見えるんですよね、面白い。心配しなくてもブライダルエステの予約が増えそうですよ(笑)。

3人目の相談者 ▶▶ Cさん／22歳

グループに意地悪な人がいます。
どうしたら円滑な関係を築けますか？

Cさん　ママ友グループのXさんとそりが合わず、困っています。

LUA　「対人関係を良くするためにはどうすればいいか」という悩みですね。
ホースシューで占ってみましょう。

〈ホースシュー〉

①過去
隠者

⑦最終結果
司祭（逆）

②現在

魔術師

③近未来

女教皇(逆)

⑥障害となること

女帝（逆）

⑤
相手・
周囲の状況

悪魔

④助言

世界（逆）

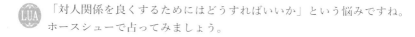

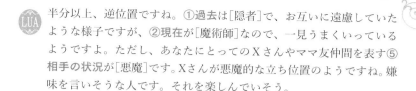

LUA　半分以上、逆位置ですね。①過去は[隠者]で、お互いに遠慮していたような様子ですが、②現在が[魔術師]なので、一見うまくいっているようですよ。ただし、あなたにとってのXさんやママ友仲間を表す**⑤相手の状況**が[悪魔]です。Xさんが悪魔的な立ち位置のようですね。嫌味を言いそうな人です。それを楽しんでいそう。

Cさん　嫌味はよく言われますね。悪気なく言っているように見えます。

LUA　⑥障害となるのは[女帝]の逆位置。Xさんだけでなく、周囲のママ友もあなたに対して失礼なのかもしれません。嫌な感じですね。⑦最終結果は[司祭]の逆位置なので、不本意な顛末の予感です。我慢ならないママ友づき合いを受け入れていそう。③近未来は[女教皇]の逆位置です。このままいくと、さらに居心地の悪い関係になってしまいそう。④助言は「世界」の逆位置。正位置なら「自分の城を作ってしまいなさい」とも言えますが、逆位置なので納得のいく状態にはならない様子。「Xさんはこういう人なんだ」と受け流していかないと嫌気が差してしまいそう。追加でカードを引いてみましょう。

アドバイス
カード

皇帝（逆）

Cさん自身「もういいや」と投げやりになっていそうです。また、「そっちがその気ならこっちだって」というXさんに対しての敵対心も感じられます。

LUA　落ち込んでいる雰囲気はありませんね。いじめられているという感じもありませんし、Cさんは割と強い人なのかも。

Cさん　そうですね。多少は落ち込みますが、怒りやあきれる気持ちのほうが強いかもしれません。子どものこともありますし。

LUA　今のママ友グループで仲良くやっていきたいなら、受け入れるしかないと思います。お子さんのためにも、何か言われても適当に受け流して、無理にグループの輪に入らないほうが良いのかもしれませんね。

\ ひと目でわかる！ /
22枚のキーワードリスト

日常で使いやすいキーワードをまとめました。
タロットをパッと1枚引いて、気軽に占ってみましょう！

カード / テーマ	GOOD or BAD	アドバイス	スポット	読み解きヒント
0 愚者	😕 気ままに	何事にもとらわれず、心からの自由を	道端・外出	深く考えずラフに
1 魔術師	😊😊 😊😊😊 自発的に	あなたなら大丈夫。自分を信じて前向きに	机の前・ステージ	自ら働きかけて
2 女教皇	😕 しっかり考えて	自分を大切に。あなたの繊細さを守って	静かな場所・水辺	心の声を聞いて
3 女帝	😊😊😊 優しく	焦りや緊張は捨てて。穏やかに、優しく	自分が満足できる場所・鏡の前	愛で受け止めて
4 皇帝	😊😊 😊😊😊 落ち着いて	現実を見据えて堂々と。責任感を大切に	立派な建物・市街地	人に頼らず自分を信じて

GOOD or BAD

様々な質問に、「GOOD（😊）」「BAD（😣）」「どちらでもない（😐）」を示します。😊の数が多いほどGOOD、😣の数が多いほどBAD（両方ともMAX 5）。下のコメントも参考にして。

スポット

カードが象徴する場所。

アドバイス

行動を起こす時や、悩みや問題を解決するためにどうすべきかを一言でアドバイスしています。

読み解きヒント

カードの解釈を深めるためのヒント。

テーマ／カード	GOOD or BAD	アドバイス	スポット	読み解きヒント
5 司祭	😐 常識・倫理的に	信じる思いに誠実に。信頼を裏切らないで	パワースポット・神社仏閣	人としてのあり方を
6 恋人	😊😊😊 楽しく	我を忘れるひと時を楽しんで	ショッピングモール・カフェ	心地よい会話を
7 戦車	😊😊😊😊😊 威勢良く	勢いのままに行動を。思い切りが大事	駅・ジム	果敢に挑戦
8 力	😵😵😵 務めて	逃げずに向き合って。努力は報われます	公園・緑地	諦めずに強い意志で
9 隠者	😐 ゆっくりと	焦らないで。のんびりペースでじっくりと	秘密の場所・スパ	思慮深く慎重に

カード／テーマ	GOOD or BAD	アドバイス	スポット	読み解きヒント
10 運命の輪	😊😊 😊😊😊 流れのままに	タイミングを逃さず、チャンスをつかんで	ロータリー・交差点	巡りくる分岐点
11 正義	😑 フェア（対等）に	感情を抜きに、公平に現実を見つめて	真ん中・中層階	冷静な見定め
12 吊られた男	😫 😫😫😫 1人になって	1人になれる時間をもち、考えを整理して	自室・トイレ	視点を変えて
13 死	😫 けじめをつけて	ウジウジしないで。割り切れば心が楽に	荒野（空地）・墓地	新たな始まりに向かって
14 節制	😊😊😊 工夫して	よいとこ取りで、ベストな状態を編み出して	ターミナル・階段	異なるものを取り入れて
15 悪魔	😫😫 😫😫😫 度を越さないで	誘惑注意！我を忘れて後悔しないように	地下・繁華街	弱さゆえの依存と執着

カード／テーマ	GOOD or BAD	アドバイス	スポット	読み解きヒント
16 塔	😵 思い切って	予期せぬ出来事をチャンスとして生かして！	高い建物・アンテナの見える建物	変化への流れ
17 星	😊😊 ポジティブに	理想を目指し、希望の未来に向かって歩んで	星の見える場所・風呂	未来へのひらめき
18 月	😵😵 見たいものを見て	真相がわからないのなら、曖昧なままで	暗い場所・寝室	未知への魅力と不安
19 太陽	😊😊😊😊😊 完全燃焼で	プロセスを楽しんで。すべてを喜びに	日光が当たる場所・明るい場所	ありのままに
20 審判	😐 「今」を大切に	今しかできないことに集中！潔い姿勢で	出入口・エレベーター	心を決めてスッキリと
21 世界	😊😊😊😊😊 思いのままに	仲間を信じて。最後まで自分のペースで	集いの場・好きな場所	納得できることを

タロットに関する Q & A

タロットをマスターしようとすると浮かぶ疑問。
ここで一気に解決しましょう！

 スプレッドが覚えられません

A　タロットに集中するためにも暗記しましょう！　まずは、展開順の
番号を書いた付箋などを貼り、そこにカードを開く練習を。繰り返
せば、順番とレイアウトが身につきます。次に、何番は現在、未来
など、項目を追加しましょう。必ず覚えられます！

 **カードを1枚なくしたら
どうすればいいですか？**

A　気になるなら新しく買い直すのがベスト。しかし不思議なこと
に、カードをなくしても占うことができます。なくしたカード
の代わりに近い意味のカードが出るのです。そのため、プロと
して占うわけでなければ、そのまま使っても問題ないでしょう。

 友達を占ってもいいですか？

A　友達はもちろん、家族や知人など、誰を占っても問題ありません。
頼まれた時に占ってあげるといいでしょう。ただし、占いはあく
までもヒントを受け取るもので、決めるのは本人であると心得
て。占いだけで決めたり、依存を招いたりしないよう注意を！

 タロットクロスを持ってないとダメですか？

A　タロットを広げて混ぜる場合は、あったほうがいいでしょう。
カードに傷や汚れがつくのを防いでくれます。滑りが良くなる
ので混ぜやすいというメリットも。タロットクロスを敷くこと
で、自分の空間をつくる役割も果たしてくれますよ。

Q どれくらい前の過去や、
どれくらい先の未来を占うことができますか？

A 占おうと思えば、どれだけの期間でも占うことができますが、
おすすめは前後3ヵ月。タロットは「今この瞬間の心」を映します。気持ちが変われば、未来も変わるでしょう。あまりに遠すぎる未来では、状況が変わってしまう可能性が高いのです。

Q どのスプレッドを使えばいいか迷ってしまいます

A スプレッドによって占えることが違うので、テーマに合わせて選ぶといいでしょう。自分の現状や他人の気持ちを知りたいならヘキサグラム、深層心理を掘り下げるならケルト十字……と、知りたい答えがわかるスプレッドを選んでみてください。

Q 占う時に、避けたほうがいい時間帯はありますか？

A 時間帯は気にせず、いつ占ってもいいでしょう。ただし、良くも悪くも興奮している時は避けてください。タロットを冷静に読めなくなるからです。体調が優れない時も同様。心も体もリラックスした状態で、落ち着いて占うことが望ましいでしょう。

Q タロットカードは
どのように保管すればいいですか？

A タロットカードは水分や湿気に弱いので、水回りや、雨が吹き込みそうな窓辺を避けて、乾いたところに置くようにしましょう。紛失したり、折れ曲がったりしないように、付属の箱に入れるか、ケースやポーチなどに入れておくのもおすすめです。

———————————— PROFILE ————————————

著者／**LUA**

幼少期からオカルトと神秘の世界に関心を抱き、コンピューター・グラフィックスのデザイナーを経て2004年に占術家に転身。西洋占星術、タロット、ルーン、ダウジング、数秘術などを習得。現在では、雑誌・書籍・WEBなどの各メディアでの占い関連原稿の執筆と監修を行っている。蜘蛛とホラーをこよなく愛している。
http://www.luaspider.com/

アートワーク／**八館ななこ**

東京在住の画家・イラストレーター。作品集『ワンダーランド』（パイ インターナショナル）発売中。
Twitter ＠yashiro_nanaco

本文挿絵	cake
デザイン	菅野涼子（説話社）
構成・編集	千木良まりえ、大倉瑠夏、池田潮音、鈴木菜都、 長澤慶子、仲川祐香（説話社）
企画・編集	尾形和華（成美堂出版編集部）

22枚のカードで全部わかるタロット占い

2023年6月20日発行

著　者	LUA（ルア）
絵	八館ななこ（やしろ）
発行者	深見公子
発行所	成美堂出版 〒162-8445　東京都新宿区新小川町1-7 電話(03)5206-8151　FAX(03)5206-8159
印　刷	広研印刷株式会社